Robert Bachert
Kosten- und Leistungsrechnung

Grundlagentexte
Soziale Berufe

Robert Bachert

Kosten- und Leistungsrechnung

Controlling und Rechnungswesen
in Sozialen Unternehmen

Juventa Verlag Weinheim und München 2004

Der Autor

Robert Bachert, Jg. 1966, Dipl. Sozialpädagoge (BA); Dipl. Betriebswirt (BA), ist Abteilungsleiter der Wirtschaftsberatung im Diakonischen Werk Württemberg und betreut Träger und Einrichtungen in unterschiedlichen Leistungsbereichen in wirtschaftlichen Fragen. Er ist zudem Geschäftsführer der ZSU (Zentrale Buchungsstelle Sozialer Unternehmen GmbH) in Stuttgart. Nebenberuflich ist er Dozent an der Evangelischen Fachhochschule Reutlingen, der Berufakademie Stuttgart und der Fachhochschule Münster.

Bibliografische Information Der Deutschen Bibliothek

Die Deutsche Bibliothek verzeichnet diese Publikation in der Deutschen Nationalbibliografie; detaillierte bibliografische Daten sind im Internet über http://dnb.ddb.de abrufbar.

© 2004 Juventa Verlag Weinheim und München
Umschlaggestaltung: Atelier Warminski, 63654 Büdingen
Umschlagabbildung: Quentin Metsys (1466-1530), The Money Lender and his Wife
Printed in Germany

ISBN 3-7799-0739-9

*Meiner Familie und all
meinen Freunden gewidmet*

Vorwort

Wenn man es mit gemeinnützigen Organisationen im Bereich Soziales und Gesundheit zu tun hat, dann fragt man sich, warum sich denn da die Betriebswirtschaftslehre auch noch einmischen soll. Kann man ihre gegenwärtig konsequente Anwendung in der gewerblichen Wirtschaft nicht gerade als ursächlich für die Entstehung von Armut und Gesundheitsbeeinträchtigung bezeichnen? Sollte sich da nicht eher Widerstand gegen eine so verstandene Ökonomie bilden, anstelle der allseits bekannten schafsherdengleichen kritiklosen Adaption?

Mit dem neoliberalen Auge auf die Betriebswirtschaftslehre zu schauen ist eine – wenngleich auch sehr populäre – Perspektive. Aber sie ist dennoch nicht die einzig mögliche. Daher darf die Ideologie des Mainstreams einer Wissenschaft (wenngleich es häufig auch die der namhaftesten Vertreter ist), nicht zu ihrem konstitutiven Merkmal werden. Schließlich heißt die Betriebswirtschaftslehre nicht Profitlehre. Sprachanalytisch sind insbesondere die Begriffe Betrieb und Wirtschaft(lichkeit) relevant. Es geht also im Bereich Soziales und Gesundheit darum, eine Organisation wirtschaftlich zu gestalten.

Eine wichtige Voraussetzung hierfür ist ein intaktes Rechnungswesen. Das Rechnungswesen in seiner Ausprägung als Kosten- und Leistungsrechnung nimmt dabei eine Schlüsselfunktion ein. Diese – der Kosten- und Leistungsrechnung zugrunde liegende – Logik zu verstehen ist dementsprechend für alle Führungskräfte in einem Unternehmen unentbehrlich. Dies gilt umso mehr, als dass ein grundlegendes Verständnis des gesamten Rechnungswesens – nicht nur der Kosten- und Leistungsrechnung – eine Basis für die erforderlichen Handlungskompetenzen im Bereich des Controllings für Führungskräfte darstellt. Führung ohne Controlling wird – schon in naher Zukunft – völlig undenkbar sein.

Sollten Sozial- und Humanwissenschaftler Führungsaufgaben übernehmen, so fehlen ihnen meistens diese Voraussetzungen. Im Rahmen des Studiums wurden (und werden) sie nicht vermittelt. Zudem sind sie autodidaktisch sehr schwer auf zu arbeiten.

Robert Bachert versucht in diesem Buch mit einem innovativen Ansatz auch fachfremden Zielgruppen, wie z.B. Sozialpädagogen und -arbeitern, Medizinern, Psychologen, Soziologen sowie Theologen ein Basisverständnis der Kosten- und Leistungsrechnung zu vermitteln. Besonders beeindruckt haben mich dabei die Dialoge, weil Sie die üblichen Argumentationsketten, aber auch Kommunikations- und Denkbarrieren wiederspiegeln, die man in der Praxis (berufsgruppenspezifisch) antrifft. Robert Bachert gelingt es damit, die potenziellen Probleme beim Verstehen der Sachverhalte vorweg zu nehmen und dem Leser darauf aufbauend den Stoff so vermitteln, dass er ihn auch – aus seiner Lebenswelt heraus – verstehen kann. Hier macht sich die Doppelqualifikation des Verfassers bemerkbar, die das Verstehen der jeweils anderen Seite glaubhaft zum Ausdruck zu bringen vermag.

Insgesamt handelt es sich dabei – aus meiner Sicht – um ein Buch, das für den Bereich Soziales und Gesundheit seit langem überfällig ist. Es bleibt die Hoffnung, dass es tatsächlich einer ganzen Berufsgruppe helfen möge, sich in diesen für das Weiterkommen so wichtigen „Schlüsselkompetenzen" einzufinden. Weitere Bücher zu den Themenkreisen Rechnungswesen und Controlling mögen folgen.

Wernau, im Oktober 2003

Arnold Pracht

Inhalt

Einführung

Einführend sollen drei Fragen zu diesem Buch beantwortet werden:

- An wen richtet sich dieses Buch?
- Was will dieses Buch erreichen?
- Wie ist das Buch aufgebaut und wie sieht das didaktische Konzept aus?

An wen richtet sich dieses Buch?

Nonprofit-Organisationen (NPO) sehen sich immer komplexeren Veränderungen in Ihrem Umfeld ausgesetzt: Gesetze werden geändert, die Finanzierungsstrukturen diesen angepasst. Damit einhergehend verändert sich auch grundlegend die Leistungserbringung in allen Hilfebereichen von der Jugendhilfe über die Behindertenhilfe bis zur Altenhilfe. In dieser Situation wird der permanente Wandel zum Normalfall. Die Neuausrichtung und die Orientierung der Nonprofit-Organisation ist nötig. Das Handeln und Denken in einer sozialen NPO ist heutzutage vorherrschend von operativen Verwaltungsansätzen geprägt, umso stärker müssen heute die Menschen in den Mittelpunkt des Interesses rücken, die die Budget- und Kostenstellenverantwortung übernehmen. Dieses Buch richtet sich primär an *Budget- und Kostenstellenverantwortliche*. Ferner soll der neu entstehende Berufsstand der *Sozialwirte/Sozialmanager* angesprochen werden.

Was will dieses Buch erreichen?

Es gibt drei Gesichtspunkte bei der Vermittlung des Stoffes, die für dieses Buches von Bedeutung sind:

- Planung, Steuerung ...
- Dokumentation der Prozesse und Instrumente
- Qualifikation und Kommunikation

Für jeden dieser Punkte wird kurz der Hintergrund, das Problem in der Praxis, das Ziel dieses Buches und eine zentrale These dargestellt.

Planung, Steuerung ...

Budgetverantwortliche sind wie der Name schon sagt für Budgets verantwortlich. Sie sollen *Budgets planen, steuern, kontrollieren und darüber informieren.* Die Kommunikation bei diesen Prozessen sollte möglichst in zwei Richtungen gewährleistet werden:
a) zu den MitarbeiterInnen,
b) zum Rechnungswesen oder der Zentralverwaltung.

Die einen sollen sie bei der Stange halten und motivieren, den anderen sind sie einerseits Ansprechpartner und andererseits Ausführungsgehilfen zugleich. Das Motto in Bezug auf die Mitarbeiter könnte lauten: *Sie dürfen alles machen, nur kosten darf es nichts.* Der Leitsatz für die Zusammenarbeit mit den Fachleuten aus dem Rechnungswesen könnte beschrieben werden mit: *Machen Sie uns keine zusätzliche Arbeit und verlangen Sie ja keine Änderungen unserer operativen buchhaltungstechnischen Prozesse. Das muss so gehen! Die Vorschriften sind so!*

Dieses Buch soll deutlich machen, dass wir im Rahmen des Controlling oder der Kosten- und Leistungsrechnung unseren internen Planung-, Steuerungs- und Informationszielen unterworfen sind. Die starren Richtlinien der Finanzbuchhaltung (Handelsgesetzbuch, Abgabenordnung, Kontenplänen) treten dabei in den Hintergrund.

Die Finanzbuchführung darf das Controlling nicht dominieren bzw. geht nicht, gibt es nicht! Die Planungs-, Steuerungs- und Informationsziele der Budget- und Kostenstellenverantwortlichen stehen im Vordergrund.

Dokumentation der Prozesse und Instrumente

Budgetverantwortliche werden derzeit mehr oder minder transparent in den Planungs- und Realisierungsprozess des operativen finanzwirtschaftlichen Controlling einbezogen. Die Instrumente die im operativen Controlling zum Einsatz kommen sind vielfältig: Budgetplanung, Soll-Ist-Vergleiche, Kostenstellenpläne, Kostenträgerrechnungen, Umlagetechniken der Gemeinkosten etc. Die Budgetverantwortliche sind für die Verwirklichung der gesteckten Ziele in Form der Planzahlen verantwortlich.

In nur wenigen Organisationen sind die Prozesse, die Kompetenzen und die Verantwortlichkeiten in diesem Zusammenhang transparent geregelt und dokumentiert. Es heißt dabei oftmals: *das müssen wir auch nicht dokumentieren es funktioniert doch auch so! Also weiter so!* Die Instrumente werden eingesetzt, ohne dass deren Funktionsweise bzw. das Instrument selbst aussagekräftig beschrieben sind. Das Fehlen der Dokumentation öffnet der Willkür einzelner Tür und Tor. Sympathie oder Antipathie entscheidet darüber, ob ein Budget eingehalten wurde oder nicht. Die Organisation kann ihre Aufgaben nicht optimal erfüllen. Synergieeffekte können nicht realisiert werden, Know-how und Wissensdefizite entstehen.

Dieses Buch will konkret aufzeigen, welche Grundlagen für die Kosten- und Leistungsrechnung wichtig sind und welche Instrumente zum Einsatz kommen. Dadurch soll verdeutlicht werden, welche Prozesse und Instrumente im Zusammenhang mit der Kosten- und Leistungsrechnung zu beschreiben und zu dokumentieren sind.
Ziel diese Buches

Die Organisation, die ihre Kernprozesse und eingesetzten Instrumente in der Kosten- und Leistungsrechnung nicht beschreibt und dokumentiert, vergibt sich wesentliche Wettbewerbsvorteile! Sie gefährdet ihre Existenz.
These

Qualifikation und Kommunikation

Budgetverantwortliche sind in der Regel keine Betriebswirte. Die Fachleute: Pflegekräfte, Sozialpädagogen, Psychologen, Pfarrer, Soziologen etc, die wir in der Regel als Budgetverantwortliche antreffen, haben sich zu Beginn ihrer Berufslaufbahn auf den Weg gemacht, um Menschen zu helfen. Sie wollen mit Menschen arbeiten und nicht Zahlen verwalten. Für die Wahrnehmung der Aufgabe der Budgetverantwortung sind sie daher von ihren Primärberufen nicht ausreichend qualifiziert.
Hintergrund

Das Rechnungswesen ist von einer fachspezifischen Sprache geprägt. Wird diese Sprache durch die dort ansässigen Mitarbeiter, nicht in eine den Empfängern zugängliche Sprache übersetzt, sind Kommunikationsprobleme und emotionale Attacken beider Seiten vorprogrammiert. Die Frage stellt sich: „Wie kann diese Kompetenz erworben werden bzw. welche Kompetenzen benötigt ein Budget- oder Kostenstellenverantwortlicher?"
Problem in der Praxis

Ein wesentliches Ziel dieses Buches ist es, die Theorie und Praxis der Kosten- und Leistungsrechnung so zu verdeutlichen, dass die erforderlichen Basisqualifikationen erreicht werden.
Ziel dieses Buches

Budgetverantwortliche müssen entweder durch geeignete Schulungsmaßnahmen geschult oder in anderer Form für die Wahrnehmung ihrer Aufgaben befähigt werden.
These

Wir stehen in fast allen NPO im Zusammenhang mit der Implementierung und Optimierung des operativen Controlling bundesweit am Anfang eines intensiven Kommunikationsprozesses. Dieser wird sich in den nächsten zehn Jahren verstärkt zwischen Fachverantwortlichen, den Controlling-/Rechnungswesenmitarbeitern sowie Vorstand/Geschäftsführung vollziehen.

Wie ist das Buch aufgebaut und wie sieht das didaktische Konzept aus?

Als Sozialarbeiter und Betriebswirt bin ich mir bewusst wie trocken und abschreckend die Materie der BWL auf Sie wirken kann. Für jedes der vier Hauptkapitel wurde eine stringente Gliederung gewählt. Diese soll Ihnen die Orientierung erleichtern, eine qualifizierte Darstellung des jeweiligen BWL-Themas leisten und sich an Ihren Bedürfnissen ausrichten.

Die Gliederung der Kapitel 2 bis 5 stellt sich wie folgt dar:

- Der *didaktische Fahrplan*
- Schilderung der *Theorie*
- *Praxisbeispiel*
- Ein *Interaktives Gespräch* zu diesen Begriffen
- Der *Praxisnutzen*

Didaktischer Fahrplan

Alle Kapitel ab dem zweiten Kapitel werden mit einem so genannten didaktischen Fahrplan eingeleitet. Dieser Fahrplan sieht so aus, dass die jeweilige Kapitelbezeichnung der Unterkapitel aufgeführt wird und das an jedes Kapitel zentrale Fragen gestellt werden. Diese zentralen Fragen finden Sie als Marginalien im Text der Kapitel 2 bis 5 wieder. Sie können sich also zunächst einen Überblick über die Themen und Fragen der einzelnen Kapitel verschaffen indem Sie die erste Seite des jeweiligen Kapitels aufschlagen und sich den didaktischen Fahrplan anschauen. Sie können dann entscheiden, ob Sie das ganze Kapitel lesen oder aber auch nur die entsprechende Frage im Text heraussuchen und die dazugehörigen Erläuterungen lesen.

Tab. 1: Beispiel für einen didaktischen Fahrplan (z.B. für das 5. Kapitel)

Kostenträger	
Kapitelbezeichnung	Zentrale Fragen dieses Kapitels
Theorie und Praxis	• Wie sieht die Theorie zur Kostenträgerrechnung aus? • Welche Arten von Kostenträgerrechnungen gibt es?· • ...

Praxisbeispiel „Kostenträger" *Beispiel Diakonische Werk Württemberg Handbuch: Vergütungen/Entgelte*	• Wie sehen die gesetzlichen Grundlagen der Leistungsbereiche in Bezug auf die Kostenträgerrechnung aus? • Wer sollte das Kalkulations-Know-how in der Organisation haben?· • ...
Ein Interaktives Gespräch zur Kostenträgerrechnung: Deckungsbeitragsrechnung Küche	• Wie funktioniert die Deckungsbeitragsrechnung? • Welche Annahmen müssen getroffen werden, um die Gesamtkosten in fixe ...
Der Praxisnutzen	• Welchen Praxisnutzen haben Budgetverantwortliche von der Kenntnis über die Kostenstellenrechnung?

Im Theorieteil jedes Kapitels wird die Theorie des jeweiligen Themas geschildert.

Theorieteil

Das Praxisbeispiel wird, da sich dieses Buch an Sozialmanager richtet die in unterschiedlichen Leistungsbereichen der Nonprofit-Organisationen tätig sind, immer den geschilderten Theorieaspekt auf die Praxis eines ausgewählten Leistungsbereiches z.B. Jugendhilfe, Altenhilfe oder Behindertenhilfe übertragen und schildern. Gleiches gilt für den folgenden Punkt: Interaktive Gespräche.

Praxisbeispiel

Über das Kapitel *interaktive Gespräche* schließlich werden die Leser angesprochen, die sich schlicht und einfach für die Praxis und das Leben in der Nonprofit-Organisation interessieren. Ich habe hierzu fiktive Personen ins Leben gerufen, die in verschiedenen Einrichtungen tätig sind, verschiedene Qualifikationen aufweisen und unterschiedlichen Berufsgruppen angehören. Sie versuchen anhand eines konkreten Problems bzw. einer konkreten Aufgabenstellung in der Praxis, der Theorie auf die Sprünge zu helfen.

Interaktive Gespräche

Und schließlich wird der *Praxisnutzen* des im jeweiligen Kapitel vermittelten Know-hows für die Sozialmanager und Budgetverantwortliche dargestellt. Für die Darstellung des Praxisnutzens werden die bereits angeführten Gesichtspunkte: Planung, Steuerung ..., Dokumentation der Prozesse und Instrumente sowie Qualifikation und Kommunikation beleuchtet. Für jeden dieser Punkte werden die Vorteile bzw. der Nutzen für die Praxis aufgezeigt.

Praxisnutzen

Sollten Sie nach dem Studium dieses Buches erkennen, dass Sie zum Betriebswirt geboren sind, kann ich Ihnen zwei Bücher nennen, die Sie sich unbedingt anschauen sollten. Sie geben einen sehr guten Überblick über das Rechnungswesen und die Kosten- und Leistungsrechnung. Für Industrie und Wirtschaft gelten sie als Standardwerke. Es handelt sich dabei um Olfert: Kostenrechnung (12. Auflage) und Schmolke/Deitermann: Industrielles Rechnungswesen (30. Auflage). Siehe auch Literaturverzeichnis.

Als grundlegende Einführung in die Betriebswirtschaftslehre ist das Buch von Arnold Pracht: Betriebswirtschaftslehre für das Sozialwesen. Eine Einführung in betriebswirtschaftliches Denken im Sozial- und Gesundheitsbereich, Juventa Verlag, zu empfehlen.

Ich wünsche den Lesern für die Praxis alles Gute! Über jede kritische, sachliche aber auch didaktische Anregung und Ergänzung würde ich mich freuen.

1. Einführung in die Kosten- und Leistungsrechnung

Die Kosten- und Leistungsrechnung ist ein wichtiger Bestandteil des Rechnungswesens. Das Rechnungswesen wird dabei als zentraler Informationssammler und -lieferant in der Nonprofit-Organisation tätig. Es bildet sämtliche Transaktionen, die in Geldeinheiten ablaufen ab. Es gibt ein Fülle verschiedener Ansätze, das Rechnungswesen in einzelne Gebiete einzuteilen (vgl. Macha, 1998, S. 15).

Der Reichskontenrahmen von 1937 unterscheidet eine traditionelle Organisationsstruktur bestehend aus der Finanzbuchhaltung, der Kosten- und Leistungsrechnung, der Statistik und Vergleichsrechnung sowie der Planungsrechnung. Die folgende Grafik bildet diese Organisationsstruktur ab.

Abb. 1: Traditionelle Einteilung des betrieblichen Rechnungswesens (Macha 1998, S. 15)

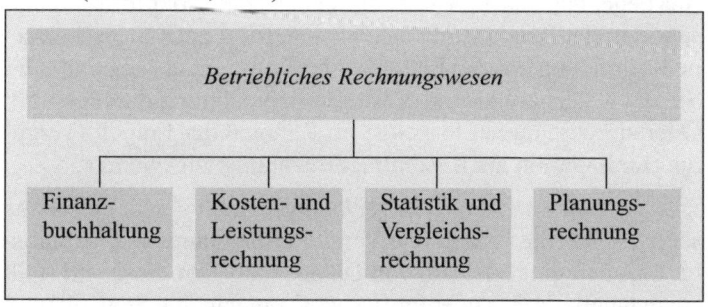

Die *Finanzbuchhaltung* führt die Buchhaltung durch. Sie wird auch als Geschäftsbuchführung bezeichnet. Sie erfasst dabei alle Geschäftsvorfälle der Nonprofit-Organisation. Zu den Geschäftsvorfällen gehören die Ausgangsrechnung, die für die erbrachten Leistungen geschrieben werden, ebenso wie die Eingangsrechnungen, die für erhaltene Waren und Dienstleistungen von den Lieferanten und Geschäftspartnern eingehen. Die Geschäftsvorfälle werden in der Finanzbuchhaltung ordnungsgemäß und planmäßig nach sachlichen Gesichtspunkten geordnet und lückenlos dargestellt.

„Die Geschäftsvorfälle werden zunächst chronologisch im *Grundbuch* und danach systematisch im Hauptbuch festgehalten, wobei eine Aufteilung in Bestandskonten und Er-

Finanzbuchhaltung

17

folgskonten erfolgt. Die Finanzbuchhaltung ist die Grundlage für den Jahresabschluss, der aus der Bilanz, Gewinn- und Verlustrechnung und bei Kapitalgesellschaften zusätzlich dem Anhang besteht. Sie ermöglicht die Ermittlung des Erfolges des Unternehmens, liefert die Bemessungsgrundlagen für die Steuern und dient der Liquiditäts- und Finanzkontrolle" (Olfert, 2001, S. 29).

Sie wird als externes Rechnungswesen bezeichnet. Neben der Buchführung existiert das interne Rechnungswesen. Ein wichtiger Bestandteil des internen Rechnungswesens ist die Kosten- und Leistungsrechnung.

Kosten- und Leistungsrechnung

Die *Kosten- und Leistungsrechnung* wird auch als Betriebsbuchführung oder Betriebsabrechnung genannt. Mit Ihrer Hilfe werden Kalkulationen durchgeführt. Sie übernimmt die Aufgabe der Informationsversorgung, der Planung, Steuerung und Kontrolle in der Nonprofit-Organisation. Zur Erfüllung dieser Aufgabe bedient sie sich der folgenden Elemente:

• Kostenartenrechnung
• Kostenstellenrechnung
• Kostenträgerrechnung

Sie begegnet uns in vielen Bereichen der Nonprofit-Organisation in der Praxis zum einen als integriert oder angeschlossene Kalkulation aus der Finanzbuchführung. In diesem Fall wird Sie als Kostenarten- und Kostenstellenrechnung durchgeführt. Oder sie wird davon losgelöst im Rahmen der Entgelt-/Vergütungskalkulation als Kostenträgerrechnung angewendet.

Statistik und Vergleichsrechnung

Die *Statistik und Vergleichsrechnung* erstellt – wie der Name schon sagt – Statistiken und Vergleichsrechnungen. Die Statistik sammelt eine Vielzahl von Daten, analysiert diese und stellt sie in tabellarischer oder grafischer Form dar. Die Statistik wird vor allem in Form einer Vergleichsrechnung durchgeführt. Der Vergleich wird dabei als Zeitvergleich, Verfahrensvergleich oder Soll-Ist-Vergleich vorgenommen. Ferner kann ein zwischenbetrieblicher Vergleich oder auch ein Betriebsvergleich angewendet werden. Für alle Bereiche der Nonprofit-Organisation können Statistiken durchgeführt werden. Beispielhaft können genannt werden:

• Personalstatistiken
• Bewohner-/Klientenstatistiken
• Leistungs-/Belegungsstatistiken
• Kostenstatistiken
• Einkaufsstatistiken
• Lagerstatistiken

Diese Statistiken sind wichtige Informationsquellen, die in konzentrierter Form wichtige Daten aufbereiten, zusammenstellen und anschaulich machen (vgl. Olfert, 2001, S. 34).

Die *Planungsrechnung* entspricht weitestgehend dem, was wir heute unter Controlling verstehen. Zentrale Elemente des Controlling wie die Budgetierung oder das Berichtswesen werden hier angesiedelt. „Hier wird die Budgetplanung durchgeführt, die die Sollvorgaben für Kosten und Leistungen des Unternehmens festlegt" (Macha, 1998, S. 16).

Planungs-rechnung

Fazit

Die Finanzbuchführung bildet die Grundlage der Kosten- und Leistungsrechnung. Zum Zwecke der Kalkulation werden die Daten der Finanzbuchführung an die Kosten- und Leistungsrechnung übergeben. Rein quantitativ handelt es sich dabei um ca. 95% des für die Kalkulationen und Planungen benötigten Datenmaterials. Oftmals wird die Kosten- und Leistungsrechnung auch ausschließlich damit durchgeführt. Das heißt, die Nonprofit-Organisationen führen Ihre Kosten- und Leistungsrechnung auf der Grundlage der Daten der Finanzbuchführung durch.

Finanz-buchführung

Die Kosten- und Leistungsrechnung wiederum stellt eine wichtige Basis des Controlling dar. Sowohl die aufbereiteten Daten z.B. in Form der Berichte als auch die dort entwickelten und angewendeten Instrumente sind für die Durchführung und praktische Anwendung des Controlling von großer Bedeutung.

Kosten- und Leistungs-rechnung

1.1 Die Finanzbuchführung

Die Techniken zur Finanzbuchführung und im Speziellen zur doppelten Buchführung lassen sich auf vier zentrale Regeln beschränken. Diese zentralen Regeln werden im folgenden Text ausgeführt. Sie sind für das Verständnis der Kalkulationen und der Herleitung der Begriffe in der Kosten- und Leistungsrechnung aber fast noch wichtiger für die Praxis in der Nonprofit-Organisation von grundlegender Bedeutung. Man könnte es auch vereinfacht ausdrücken:

> An Soll und Haben führt kein Weg vorbei, wenn es um die Belange der Kosten- und Leistungsrechnung geht.

Die Buchführungstechniken sind über Jahrhunderte hinweg von kaufmännisch denkenden Menschen entwickelt worden. Erstmals finden sich Buchungsbelege in Form von Tontafeln ca. 3000 bis 2800 Jahre vor Christus. Im Tempel *Dublal-mach* in Ur existiert im Jahr 2900 vor Christus eine erste Fabrikbuchhaltung. Bereits 1728 vor Christus gibt es eine Buchführungspflicht für Kaufleute in Babylonien.

Es werden heute drei Ausprägungen der Finanzbuchführung unterschieden. Diese sind:

- Die Einfache Buchführung
- Die Kameralistische Buchführung und
- Die doppelte Buchführung.

Die doppelte Buchführung bildet mit ihren ausgefeilten Regeln eine Grundlage für die Kosten- und Leitungsrechnung. Aus diesem Grund wird die doppelte Buchführung näher beschrieben. Die folgenden Gesichtspunkte der doppelten Buchführung stellen ihre Essentials dar:

- Die Bilanz
- Das T-Konto
- Die Buchungssätze Soll an Haben
- Aktiv- und Passivkonten (Bestandskonten)
- Aufwands- und Ertragskonten (Erfolgskonten)

Was ist eine Bilanz?

Aller Anfang der Finanzbuchführung liegt in der Inventur begründet. Der Kaufmann ermittelt durch diese Tätigkeit sein Inventar. Das Inventar bildet sein Vermögen und seine Schulden ab.

Vermögen und Schulden

Das Vermögen zeigt uns was der Kaufmann in seinem Betrieb investiert hat. Es handelt sich dabei u.a. um Grundstücke, Gebäude, Fahrzeuge, Vorräte und Bankguthaben. Die Schulden stellen die Fremdmittel dar, die beispielsweise zur Finanzierung von Produktionsanlagen aufgenommen worden sind. Es handelt sich beispielsweise um Kredite, Darlehen und Hypotheken. Er ermittelt sein Eigenkapital über die Gleichung:

Vermögen – Fremdkapital = Eigenkapital

Diese Berechnung macht deutlich, dass es sich beim Eigenkapital um keine Größe handelt, die in irgendeiner Form physisch greifbar ist. Vielmehr entsteht das Eigenkapital durch die Differenzbildung des Vermögens abzüglich des vorhandenen Fremdkapitals. Die Formel zur Berechnung lautet:

Vermögen – Fremdkapital = Eigenkapital

Aktiva und Passiva

Für die Zwecke einer strukturierten und geordneten Darstellung des Vermögens und des Kapitals bedient sich die doppelte Buchführung der Bilanz. Die Bilanz stellt das Vermögen aufgeteilt in Anlagevermögen und Umlaufvermögen auf ihrer linken Seite dar. Diese Seite heißt Aktiva. Die rechte Seite der Bilanz heißt Passiva. Sie stellt das Eigenkapital und das Fremdkapital dar.

Regel 1: Bilanz

> In der *Bilanz* sind die *Aktiva links* und die *Passiva rechts* abgebildet. Die Summe beider Seiten muss jeweils gleich groß sein.

Das folgende Schaubild zeigt eine exemplarische Bilanz auf. Das Anlage- und Umlaufvermögen ist dabei weiter untergliedert. Ebenso ist das Fremdkapital mit verschiedenen Positionen vertreten:

Abb. 2: Bilanz zum 31.12. ....

Bilanz zum 31.12.				
Aktiva			*Passiva*	
	Berichtsjahr *Euro*			*Berichtsjahr* *Euro*
Anlagevermögen		Eigenkapital		
Gebäude	100.000	Eigenkapital		290.000
Maschinen	50.000			
BuG-Ausstattung	50.000			
Fuhrpark	50.000			
Umlaufvermögen		Fremdkapital		
Waren		Rückstellungen		50.000
Forderungen	20.000	Darlehen		20.000
Kasse	10.000	Verbindlichkeiten		30.000
Bankguthaben	10.000	aus Lieferungen und		
	100.000	Leistungen		
Gesamt	390.000			390.000

Wie werden nun Zugänge oder Abgänge der Bestände auf diesen Positionen der Bilanz erfasst?

Zugänge und Abgänge

Die Antwort darauf lautet: Verzeichnen die Bankguthaben z.B. durch eine Kreditaufnahme einen Zuwachs, wächst das Bankguthaben auf der Aktivseite der Bilanz. Auf der Passivseite der Bilanz dagegen nehmen die Darlehen zu.

Würden alle Geschäftsvorfälle eines Jahres in der Bilanz gebucht, hätte dies im Wesentlichen drei Nachteile:

a) Der Aufwand nach jeder Buchung eine neue Bilanz zu erstellen ist hoch

b) Die Übersichtlichkeit und Transparenz der Darstellung ist nicht optimal und

c) Die historische Verfolgung der Zu- und Abgänge ist nur mühsam nachvollziehbar.

Aus diesem Grund werden die T-Konten an dieser Stelle eingeführt.

Was ist ein T-Konto?

Ein T-Konto ist eine ganz bestimmte Form der Darstellung für Bestands-Zugänge oder -Abgänge in den einzelnen Bilanzposition. Die linke Seite dieser so genannten T-Konten heißt immer *Soll* die Rechte Seite dieser T-Konten heißt immer *Haben*. Dabei spielt es keine Rolle, ob es sich um ein Aktivkonto oder um ein Passivkonto handelt. Beide Worte Soll und Haben haben nicht die Bedeutung, die wir ihnen umgangssprachlich zuweisen. T-Konto heißt diese Kontenform deshalb, weil zwei Striche ein großes „T" bilden. Sie trennen Soll und Haben voneinander. Die Euro-Beträge werden unter den Begriffen Soll und Haben dargestellt.

Ein T-Konto sieht folgendermaßen aus:

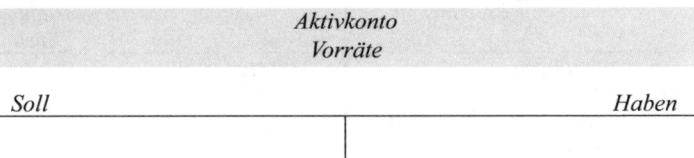

	Aktivkonto	
	Vorräte	
Soll		*Haben*

Bestandsmehrungen und Bestandsminderungen

Als einfache Faustregel im Zusammenhang mit den T-Konten, kann formuliert werden, dass Aktivkonten auf der Soll-Seite und Passivkonten auf der Haben-Seite Zugänge verzeichnen. Auf den Aktiv- und Passivkonten werden die Bestände der Nonprofit-Organisation dargestellt. Im Zusammenhang mit Zugängen auf diesen Konten wird daher folgerichtig von Bestandsmehrungen gesprochen. Abgänge auf diesen Konten heißen Bestandsminderungen.

Regel 2: Bestandsmehrungen (Zugänge) auf den Bestandskonten

| Aktivkonten | Soll | Bestandsmehrung (Zugang) |
| Passivkonten | Haben | Bestandsmehrung (Zugang) |

Umgekehrt gilt natürlich, dass Passivkonten im Soll abnehmen bzw. Bestandsminderungen im Soll gebucht werden. Aktivkonten weisen Bestandsminderungen im Haben aus.

Buchung auf Aktivkonten

Ein Beispiel für Buchungen auf aktiven Bestandskonten sieht folgendermaßen aus:

Die Nonprofit-Organisation kauft für die Produktion in Ihrer Werkstatt für Menschen mit Behinderungen Vorräte (WfMB)[1]. Sie verwendet dazu Geld aus der Kasse und zwar 100 EURO.

Die grafische Darstellung dieses Vorgangs auf T-Konten stellt sich wie folgt dar:

Vorrat			*Kasse*	
Soll	Haben		Soll	Haben
100,00				100,00

Über diese Darstellung wird ersichtlich, dass die Vorräte der WfMB einen Zuwachs verzeichnen. Sie stehen im Lager für die Produktion zur Verfügung und können bei Bedarf entnommen werden. Im Gegenzug nimmt der Kassenbestand ab. Die Bilanzsumme wird durch diesen Vorgang weder erhöht noch vermindert. Es werden liquide Mittel in Form von Bargeld eingetauscht als Gegenleistung erhält die Organisation Sachvermögen in Form von Vorräten für die Produktion. Es handelt sich dabei um einen so genannten Aktivtausch.

Ein Beispiel für Buchungen auf einem Aktiv und einem Passivkonto stellt sich wie folgt dar: Ein typisches Passivkonto sind die Darlehen. Nimmt die Einrichtung einen Kredit auf, wächst das Passivkonto „Darlehen" im Haben. Die Bankguthaben stellen ein aktives Konto dar. Sie nehmen bei diesem Vorgang im Soll zu. In diesem Beispiel nimmt die Einrichtung einen Kredit in Höhe von 10.000 EURO auf. Auf T-Konten ergibt sich folgendes Bild:

Buchung auf Aktiv- und Passivkonto

Bank			*Darlehen*	
Soll	Haben		Soll	Haben
10.000,00				10.000,00

Bei diesem Geschäftsvorfall verzeichnen sowohl das Konto „Bank" als auch das Konto „Darlehen" einen Zuwachs. Der Bestand an liquiden Mitteln auf der Bank wächst. Ebenso nehmen die Darlehen zu. Es wird dadurch verdeutlicht, dass die Organisation die liquiden Mittel über eine Darlehnsaufnahme finanziert hat. Die Bilanzsumme erhöht sich aufgrund diesen Vorgangs. Es handelt sich hier um eine Aktiv-Passivmehrung, da sowohl die Aktivseite zunimmt als auch die Passivseite.

---

1 Das gängige Kürzel für Werkstätten für Behinderte lautet WfB, der Autor verwendet diese Bezeichnung und dieses Kürzel nicht. Den Menschen mit Behinderungen gerecht wird die Bezeichnung „Werkstätten für Menschen mit Behinderungen (WfMB)".

Was sind Buchungssätze?

Für die verbale und schriftliche Kommunikation der Geschäftsvorfälle hat sich in der doppelten Buchführung die folgende Regelung eingebürgert. Es wird immer zunächst das im Soll betroffene Konto genannt oder aufgeschrieben und anschließend das im Haben betroffene Konto. Das Wort *an* wird benutzt um die Soll- und Haben-Konten sprachlich voneinander zu trennen. Beide Konten gemeinsam genannt bzw. verbunden mit dem Wort an bilden den so genannten Buchungssatz. Die beiden obigem Beispiele heißen dann:

1. Vorräte   an   Kasse   100,00 EURO
2. Bank   an   Darlehen   10.000,00 EURO

Die Aktiv- und Passivkonten heißen Bestandskonten. Sie stellen die aktiven und passiven Bestände dar. Zur Verbuchung der erfolgswirksamen Vorgänge werden die so genannten Erfolgskonten geführt.

Regel 3: Buchungssätze

> Das Wort an verbindet die Konten über den Buchungssatz so miteinander, dass das im Soll betroffene Konto immer zuerst genannt wird.

Aufwands- und Ertragskonten (Erfolgskonten)

Zur Erfassung der erfolgswirksamen Vorgänge werden die so genannten Aufwands- und Ertragskonten verwendet. Die Aufwands- und Ertragskonten lassen sich über das Passivkonto Eigenkapital herleiten.

Mehrungen des Eigenkapitals

Mehrungen des Eigenkapitals werden im Haben des Kontos Eigenkapital gebucht. Beispiele dafür sind in einem Pflegeheim die Pflegegelderträge für die vollstationäre Pflege nach SGB VI oder die Zinserträge für Bank- oder Festgeldguthaben. Sie führen zu einer Eigenkapitalmehrung.

Minderungen des Eigenkapitals

Minderungen des Eigenkapitals werden, da es sich um ein Passivkonto handelt im Soll dieses Kontos erfasst. Dazu gehören z.B. der Mietaufwand für die Räume der Organisation oder der Lohn- und Gehaltsaufwand für die angestellten MitarbeiterInnen.

Für die Zwecke einer übersichtlichen Darstellung nutzt die doppelte Buchführung die Möglichkeit, diese Vorgänge nicht als Eigenkapitalminderung im Soll oder als Eigenkapitalmehrung im Haben des Eigenkapitalkontos darzustellen. Es werden vielmehr mehrere Unterkonten des Eigenkapitals gebildet. Für jeden sachlich gleichen Vorgang im Soll wie auch im Haben werden eigene (Unter-)Konten eingerichtet: Für die Soll-Seite des Eigenkapitals werden die so genannten Aufwandskonten eingerichtet. Für die Haben-Seite werden die so genannten Ertragskonten gebildet. Beispiele dafür sind: Mietaufwand, Lohn- und Gehaltsaufwand, Pflegegelderträge, Zinserträge für Darlehen etc. Die Aufwands- und Ertragskonten werden als Unterkonten des Eigenkapitals betrachtet. Die folgende Abbildung soll dies anschaulich machen.

Abb. 3: Das Eigenkapital, die Aufwands- und Ertragskonten und die Gewinn- und Verlustrechnung

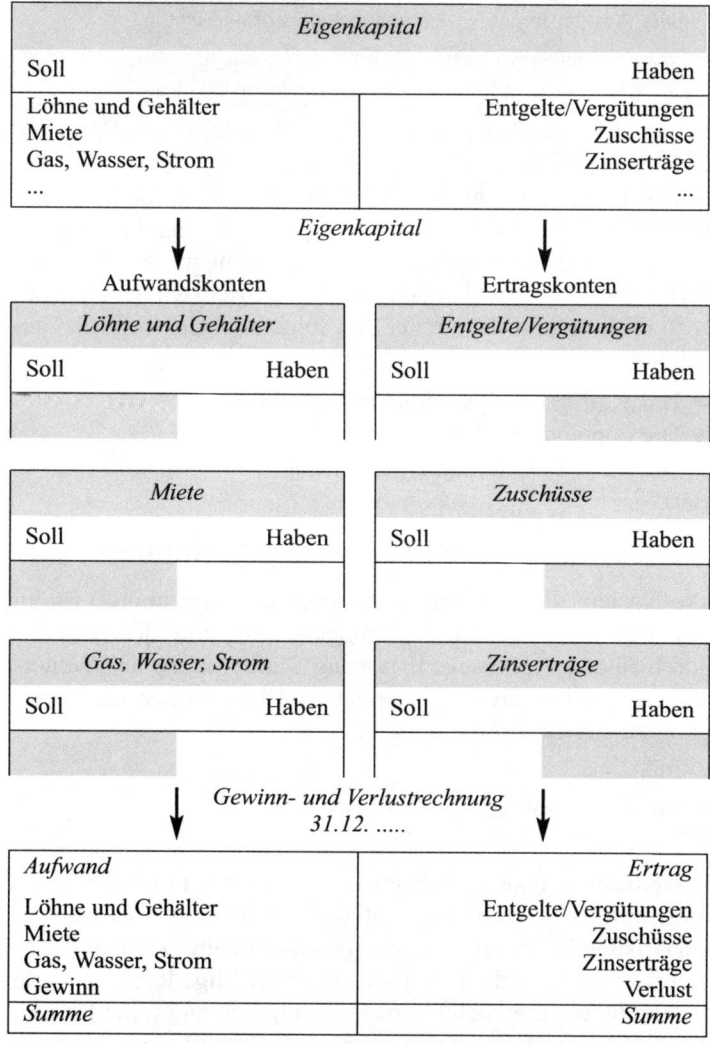

Am Ende eines Jahres wird der Saldo aller Konten gebildet und in die Gewinn- und Verlustrechnung geschrieben. Eine andere Bezeichnung für die Gewinn- und Verlustrechnung ist Auf-

Bildung des Saldos

wands- und Ertragsrechnung. Überwiegt die Summe der Ertragskonten von der Höhe her gegenüber den Aufwandskonten hat die Organisation einen Gewinn erzielt. Ist die Summe der Salden der Aufwandskonten größer handelt es sich um einen Verlust. Der Gewinn steht links, der Verlust steht rechts in der Gewinn- und Verlustrechnung. Er gleicht die jeweilige Seite aus. Beide Seiten sind bezüglich der Summe gleich hoch.

Regel 4: Aufwands- und Ertragskonten

Aufwandskonten und Ertragskonten sind Unterkonten des Eigenkapitals. Aus der Regel Nr. 2 ergibt sich daher folgerichtig:

Aufwandskonten werden i.d.R. im *Soll* gebucht.
Ertragskonten werden i.d.R. im *Haben* gebucht.

In den folgenden Kapiteln werden in allen Beispielen oder auch Gesprächen diese Punkte ergänzt und vertieft dargestellt. Natürlich muss ein(e) in der Buchhaltung beschäftigte(r) Mitarbeiter(in) die in diesem Kapitel dargestellten Inhalte differenzierter und vertiefter beherrschen. In den entsprechenden Ausbildungen und Studiengängen zur Betriebswirtschaftslehre wird die Literatur dazu unter den folgenden Überschriften angeboten:

- Das Kaufmännisches Rechnungswesen
- Die doppelte Buchführung
- Die Buchführung und Bilanzierung.

1.2 Die Kosten- und Leistungsrechnung

Die Kosten- und Leistungsrechnung (Kostenrechnung) ist ein Teil des betrieblichen Rechnungswesens, mit der Aufgabe durch eine systematische Erfassung, Aufbereitung und Weiterleitung von Kosten und Leistungen Informationen zur Verfügung zu stellen, für die betriebliche:

Hauptaufgaben der Kosten- und Leistungs- rechnung

- Planung
- Steuerung und
- Kontrolle

Die Kostenrechnung stellt im Gegensatz zur Finanzbuchführung eine betriebsinterne, kalkulatorische und überwiegend kurzfristige Rechnung dar. Im Gegensatz zum externen Rechnungswesen handelt es sich um eine freiwillige Rechnung, die sich nicht an gesetzliche Vorschriften halten muss. Sie kann in der Nonprofit-Organisation sowohl als Ermittlungs-, als auch als Entscheidungsrechnung zum Einsatz gelangen. Aus diesem Grund sollte sie regelmäßig durchgeführt werden (vgl. Schneck, 1993, S. 349).

Die drei wichtigsten Teilrechnungen der Kosten- und Leistungsrechnung:

- Die Kostenartenrechnung
- Die Kostenstellenrechnung
- Die Kostenträgerrechnung

Jede dieser Rechnungen stellt für die Nonprofit-Organisation ganz wesentliche Instrumente und Informationen zur Verfügung. Aus diesem Grund ist jeder dieser Rechnungen ein eigenes Kapitel in diesem Buch gewidmet. Der nun folgende Text führt in die kommenden Kapitel grundlegend ein.

Das unten abgebildete Schaubild verdeutlicht zunächst den Aufbau und die Zusammenhänge dieser drei Rechnungen. Es handelt sich dabei um die Abbildung des wichtigsten und maßgeblichsten Prozesses der Kosten- und Leistungsrechnung in der Nonprofit-Organisation:

Abb. 4: Klassisches Modell der Kostenrechnung (Bachert 2003, S. 2, 4.2, S. 4)

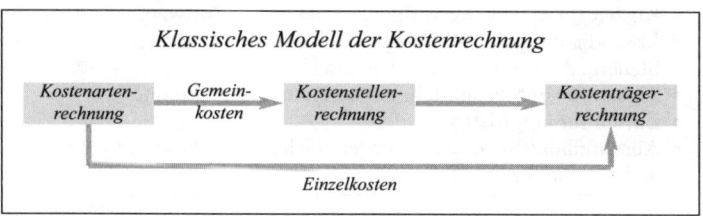

Von der Kostenartenrechnung bis zur Kostenträgerrechnung

Die Kostenartenrechnung erfasst alle Kosten und in der Praxis, auch die Leistungen einer Nonprofit-Organisation. Die Pfeile machen deutlich, dass sie die Kosten an die Kostenstellen- und Kostenträgerrechnung übergibt. Die so genannten Gemeinkosten (Kosten ohne direkten Produktbezug), werden dabei zunächst an die Kostenstellenrechnung übergeben. Kostenstellen bilden die Orte der Kostenentstehung in einer Nonprofit-Organisation ab. Von den Kostenstellen werden die Gemeinkosten auf die Kostenträgerrechnung weiterverrechnet. Kostenträger stellen die Produkte der Nonprofit-Organisation dar. Die so genannten Einzelkosten sind Kosten mit direktem Produktbezug. Sie entstehen bei der Produktion von Kostenträgern und können diesen direkt zugerechnet werden. Gemein- und Einzelkosten gemeinsam bilden die Gesamtkosten eines Produktes ab. Stellt man ihnen die eingenommen geldlichen Leistungen gegenüber wird deutlich ob für dieses Produkt ein Gewinn oder ein Verlust erzielt worden ist.

Beschreibung dieses Modells

Dieser abstrakten Beschreibung soll ein Beispiel aus der Jugendhilfe Substanz verleihen.

Ein Beispiel aus der Praxis der Jugendhilfe: Leistungen vollstationär, Außenwohngruppe

Eine Außenwohngruppe der Einrichtung St. Jugend in Brunnen erbringt vollstationäre Leistungen im Bereich der Jugendhilfe.

Kostenarten-
rechnung

Die Kostenartenrechnung dieser Organisation erfasst zunächst alle Kosten, die für die Einrichtung anfallen auf den Kostenarten. Kostenarten sind beispielsweise:

Abb. 5: Ausgewählte Beispiele für Kostenarten in der Jugendhilfe

Ausgewählte Beispiele für Kostenarten in der Jugendhilfe
• Löhne und Gehälter der Mitarbeiterinnen und Mitarbeiter • Personalbeschaffungskosten • Beratungsaufwendungen • Prüfungs-, Gerichts- und Anwaltsgebühren • Kosten für externe Verwaltungsarbeiten und Software • Instandhaltung, Instandsetzung, Wartung • Steuern, Abgaben und Versicherungen • Zinsen für Betriebsmittelkredite / Kontokorrentkredite • Zinsen für langfristige Darlehen • Abschreibungen auf Sachanlagen: Gebäude, Fuhrpark, Betriebs- und Geschäftsausstattung

Bereits bei der Erfassung der Kostenarten werden die Kosten entweder als Gemein- oder als Einzelkosten identifiziert und mit den Kostenstellen- oder Kostenträgernummern versehen. Die Zuordnung einer konkreten Nummer zu den jeweiligen Kostenstellen und Kostenträgern ermöglicht die spätere Ordnung und Zusammenführung aller Kosten des entsprechenden Kostenträgers oder der jeweiligen Kostenstelle.

Kostenstellen-
rechnung

Die Kostenstellenrechnung dient als Grundlage um die Gemeinkosten transparent an den Orten ihrer Entstehung aufzuzeigen. Die folgenden Sätze verdeutlichen diese Aussage.

Gemeinkosten
und
Kostenstellen

Die Gemeinkosten, die für diese Außenwohngruppe anfallen sind vielfältiger Natur. Als Beispiele sollen vier Gemeinkostenbereiche aufgezeigt werden. Es handelt sich dabei um die Geschäftsführung der Gesamtorganisation, die Buchhaltung, die Personalverwaltung und das Controlling. Die hier anfallenden Aufgaben und dadurch entstehenden Kosten stehen mit der Leistungserbringung in der Außenwohngruppe in indirekten Zusammenhang. Sie werden von zentralen Dienstleistungsstellen erbracht. Beispiel für Gemeinkostenbereiche (Kostenstellen) und deren Aufgaben sind in der folgenden Tabelle dargestellt:

Abb. 6: Ausgewählte Beispiele für Kostenstellen in der Jugendhilfe

Gemeinkostenbereich und Kostenstelle	Aufgabe des Gemeinkostenbereichs
● Geschäftsführung:	Führungs-, Präsentations- und Organisationsaufgaben
● Buchhaltung:	Verbuchung aller angefallenen Kosten Erstellung des Jahresabschlusses
● Personalverwaltung:	Einstellung und Verwaltung aller Mitarbeiter Auszahlung der Gehälter
● Controlling:	Versorgung der Budgetverantwortlichen mit den nötigen Daten

Die aufgezeigten Gemeinkosten für die Geschäftsführung, Buchhaltung, Personalverwaltung und Controlling entfallen anteilig auf die Außenwohngruppe. Die Bruttopersonalkosten dieser Mitarbeiter werden dabei vollständig mit einer entsprechenden Kennzeichnung in der Kostenartenrechnung erfasst und anschließend in die Kostenstellenrechnung überspielt. Gleiches geschieht mit den Sachkosten (Büromaterial, Raummiete, Gas, Wasser, Strom ...) dieser Bereiche.

Kostenträger-
rechnung

Die Kostenstellenrechnung unterscheidet oder differenziert die Kostenarten auf den Kostenstellen. Eine Kostenstellenauswertung stellt alle angefallenen Kosten einer Kostenstelle dar. Die Kostenstellen werden von den Gemeinkosten so entlastet, dass in einem ersten Schritt überlegt wird, welche und wie viele Dienstleistungen die Kostenstelle für die Kostenträger erbracht hat. Ist dies geklärt, wird der Kostenträger mit den Kosten dieser Kostenstelle belastet. Hat z.B. das Controlling für zwei Kostenträger gleich viele Leistungen erbracht, werden alle Kostenarten des Controlling je zur Hälfte diesen beiden Kostenträgern belastet. Der Kostenträger muss ja letztlich die Kosten über den zu erzielenden Preis tragen. Typische Worte für den Preis in der Nonprofit-Organisation in unterschiedlichen Hilfebereichen sind:

- Entgelt oder Regelentgelt
- Vergütung
- Pflegesatz
- Maßnahmen- und Grundpauschale
- Entgelt konzeptionsbedingte Leistung
- Investitionskostensatz
- Entgelt für Unterkunft und Verpflegung

In der Außenwohngruppe sind fünf sozialpädagogische Kräfte angestellt. Sie übernehmen betriebswirtschaftlich gesprochen die konkrete Leistungserstellung oder Produktion. Die Bruttopersonalkosten dieser Mitarbeiter und die direkt in der

Einzelkosten

Gruppe anfallenden Sachkosten z.B. für Büromaterial oder aber Miete, Gas, Wasser und Strom sind Einzelkosten. Auch sie werden auf den Kostenarten erfasst, anschließend jedoch direkt dem Kostenträger zugerechnet. Der Kostenträger ist in diesem Fall eine vollstationäre Leistung der Jugendhilfe.

Abb 7: Ausgewählte Beispiele für Kostenträger in der Jugendhilfe

Ausgewählte Beispiele für Kostenträger in der Jugendhilfe nach § 78 f SGB VIII
• Investitionsbetrag   • Regelentgelt   • Entgelt für konzeptionsbedingte Leistung 1 „Verstärkte Elternarbeit"   • Entgelt für konzeptionsbedingte Leistung 2 „Kleingruppenarbeit"

Die Aufgaben und konkreten Arbeitsschritte der Kostenrechnungen in diesem Beispiel:

Abb. 8: Die Arbeitsschritte der Kostenrechnung in der Jugendhilfe

Art	*Aufgabe*	*Konkrete Arbeitsschritte*
Kostenartenrechnung	Erfassung der Kosten	Alle Kosten werden vollständig in der Kostenartenrechnung erfasst. Kostenarten sind beispielsweise: • Bruttopersonalkosten (aller MitarbeiterInnen) • Büromaterial (Gesamtorganisation) • Miete (Gesamtorganisation) • Gas, Wasser, Strom (Gesamtorganisation)
Kostenstellenrechnung	Zuordnung der Gemeinkosten	Die Gemeinkosten werden den Kostenstellen • Geschäftsführung • Buchhaltung • Personalverwaltung • Controlling uugeordnet. Für das Controlling ergibt sich folgendes Bild: • Bruttopersonalkosten (MitarbeiterInnen Controlling) • Büromaterial (Controlling) • Miete (Controlling-Räume) • Gas, Wasser, Strom (Controlling)
Kostenträger-rechnung	1. Zuordnung der Einzelkosten	Die Einzelkosten werden den Kostenträgern zugeordnet. Im Beispiel: Jugendhilfe vollstationäre Leistung, Außenwohngruppe. Die folgenden direkten Einzelkosten werden überspielt:

	1. Zuordnung der Einzelkosten (Fortsetzung)	• Bruttopersonalkosten (der konkreten MitarbeiterInnen) • Büromaterial (der Außenwohngruppe) • Miete (der Außenwohngruppe) • Gas, Wasser, Strom (der Außenwohngruppe)
Kostenträgerrechnung (Fortsetzung)	2. Verteilung der Kostenstellen auf die Kostenträger	Die Kostenstellen werden anteilig, mit Ihren jeweiligen Kostenarten auf den entsprechenden Kostenträger verteilt.
	3. Darstellung des Ergebnisses	Das Ergebnis stellt die direkten Kosten und die Gemeinkosten dieses Kostenträgers dar. Es gibt zunächst Auskunft darüber welche Kosten insgesamt in diesem Kostenträger angefallen sind. Werden die Leistungsentgelte ebenfalls dem Kostenträger zugeordnet, kann jetzt eine Aussage darüber getroffen werden, ob die vereinbarten Entgelte für diesen Kostenträger ausreichend sind oder nicht. Betriebswirtschaftlich bezeichnen wir diesen Rechenvorgang als Deckungsbeitragsrechnung im Rahmen der Kostenträgerstückrechnung

Die Kostenartenrechnung

Die Kostenarten bilden die verschiedenen Arten der Kosten ab. Sie stellt die erste Stufe der Kostenrechnung dar. Beispiele für Kostenarten sind:

- Löhne- und Gehälter
- Mieten
- Gas, Wasser, Strom
- Lebensmittel
- Darlehenszinsen
- etc.

In der Praxis der Nonprofit-Organisation werden die Konten in der Finanzbuchhaltung an die Kostenartenrechnung übergeben. Die Kostenartenrechnung bearbeitet die auf den Konten erfassten Zahlen auf zwei Arten. Sie fragt sich zum einen ob es sich dabei wirklich um Kostenarten handelt und überlegt zum anderen, ob für die Zwecke der Kalkulation weitere Kostenarten (kalkulatorische Kosten) erfasst werden müssen.

Die Hauptfrage, auf die die Kostenartenrechnung eine Antwort gibt lautet:

Die folgende Tabelle fasst einige gängige Systematisierungen der Kriterien für die Kostenarten zusammen (vgl. Macha, 1998, S. 46) und beschreibt diese kurz:

Abb. 9: Ausgewählte Gliederungsgesichtspunkte der Kosten (vgl. Macha, 1998, S. 46)

Gliederungs-kriterien nach ...	Bezeichnung der Kosten und Kurzbeschreibung
... der Art der Verrechnung/ Zurechenbarkeit	Einzelkosten und Gemeinkosten Für die Frage der Zurechenbarkeit der Kosten werden die Kosten in *Einzelkosten* und *Gemeinkosten* aufgeteilt. Einzelkosten können dabei direkt bei Ihrer Entstehung einem Produkt (Kostenträger) zugerechnet werden. Gemeinkosten werden zunächst auf die Kostenstellen gebucht und anschließend auf den Kostenträger verrechnet.
... ihrem Verhalten bei Beschäfti-gungsschwan-kungen	Fixe und variable Kosten Ein wesentliches Merkmal für die Kalkulation und Aufbereitung der unterschiedlichen Kosten in der Nonprofit-Organisation ist die Frage der Auslastung der unterschiedlichen Produktionseinheiten. Je nachdem ob die Kosten auf diese Beschäftigungsschwankungen reagieren oder nicht spricht man von *variablen Kosten* oder wenn sie nicht reagieren von *fixen Kosten*.
... der Herkunft der Kostengüter	Primäre und sekundäre Kosten Nach der Herkunft der Kosten werden primäre und sekundäre Kosten unterschieden. *Primäre Kosten* bilden dabei den Verbrauch außerbetrieblicher Leistungen ab. *Sekundäre Kosten* entstehen durch die innerbetriebliche Inanspruchnahme der Leistungen einer anderen Kostenstelle in der Nonprofit-Organisation. Sekundäre Kosten stellen den innerbetrieblichen Leistungsverzehr dar.
... der Art der Kostenerfassung	Aufwandsgleiche und Kalkulatorische Kosten Je nachdem ob die Kosten aus der Perspektive der Finanzbuchhaltung oder aus der Sicht der Kosten- und Leistungsrechnung betrachtet werden, sind die unterschiedlichen Zwecke des Rechnungswesens von Bedeutung. *Aufwandsgleiche Kosten* kennt die Finanzbuchhaltung und bucht diese zum Zweck einer vollständigen Erfassung der Geschäfts-

... der Art der Kostenerfassung (Fortsetzung)	vorfälle. *Kalkulatorische Kosten* dagegen spielen in der Finanzbuchhaltung keine Rolle. Sie werden in der Kosten- und Leistungsrechnung für die Preiskalkulation verwendet.
... der Wirkung der Kosten auf die Liquidität	*Auszahlungs- und Ausgaben(un)wirksame Kosten* Für die Steuerung der Liquidität der Nonprofit-Organisation ist es entscheiden, ob die Kosten *auszahlungswirksam oder ausgabenwirksam oder auszahlungs- und ausgabenunwirksam* sind. Die Liquiditätssteuerung bildet dafür entsprechende Kennzahlen.
... der Frage des Zeitbezugs	*Normal-, Ist- und Plankosten* Werden die Kostenarten nach ihrem zeitlichen Bezug betrachtet, setzt man sie ins Verhältnis zu der Periode in der sie entstehen oder entstehen werden. Unterschieden werden dabei die Normalkosten, die Istkosten und die Plankosten.

Die Kostenstellenrechnung

Die Kostenstellen werden als Stellen zur Erfassung von Kosten eingerichtet. Die Kostenstelle kann einen Ort darstellen an denen Kosten entstehen. In einer Nonprofit-Organisation sind die Orte, an denen Kosten entstehen, z.B.

- die Küche
- die zentrale Verwaltung
- die Außenwohngruppen einer Jugendhilfeeinrichtung
- der ambulante Dienst in einer Komplexeinrichtung
- der Bereich „Essen auf Rädern"
- ein Pflegeteam in einer Altenpflegeeinrichtung
- der soziale Dienst
- die Werkstatt für Menschen mit Behinderungen in einer Einrichtung für Menschen mit Behinderungen
- und und und ... .

In einer Organisation in der die Controlling – Aufgabe partizipativ wahrgenommen wird, erfüllen die Kostenstellen wichtige Aufgaben in Zusammenhang mit dem operativen Controlling. Die Kostenstellen klären die Budget- oder Kostenstellenverantwortlichen darüber auf:

Wo oder an welcher Stelle sind die Kosten angefallen (Kostenstellen)?

Die Kostenstellenrechnung erhält die Daten aus der Kostenartenrechnung und rechnet mit den Kosten und in der Praxis oftmals auch mit den Leistungen auf den Kostenstellen weiter. Im Wesentlichen dienen die Kostenstellen den Kostenverantwortlichen zur Planung ihrer Soll-Zahlen und über den Soll-Ist-Vergleich über entsprechende Auswertungen zur Steuerung des betrieblichen Geschehens. Sie stellen die Soll- und Ist-Ergebnisse gegenüber. Sie sind wichtige Hilfsmittel eines Controllingsystem bestehend aus beispielsweise Personaleinsatz-/Dienstplanungen und den dargestellten Kosten im Soll und Ist auf den Kostenstellen. Die Kostenstellenrechung stellt die zweite Stufe der Kostenrechung dar.

Hilfs- und Hauptkosten-stellen/ Hierarchie-kostenstellen

Die Bildung von Kostenstellen erlaubt es den Budgetverantwortlichen die Kosten (und Leistungen) Ihre Bereiches für die betrieblichen Steuerungs-zwecke zur Verfügung gestellt zu bekommen.

Die Kostenstellenrechnung kennt verschiedene Arten von Kostenstellen. Die drei wichtigsten Vertreter in der Praxis der Nonprofit-Organisation sind:

- Hilfskostenstellen
- Hauptkostenstellen und
- Hierarchiekostenstellen.

Die folgende Tabelle zeigt ein Beispiel für Haupt- und Hilfskostenstellen in einem Altenpflegeheim, welche im Folgenden näher erläutert wird:

Hilfskostenstellen		*Hauptkostenstellen*		*Hierarchie-kostenstellen*
Verwaltung		*Altenpflege*		
Controlling	*Buchhaltung*	*Pflege-gruppe I*	*Pflege-gruppe II*	*Bebuchbare Kostenstellen*
Hilfs-kostenstelle	Hilfs-kostenstelle	Haupt-kostenstelle	Haupt-kostenstelle	

Die obige Abbildung zeigt grundlegend zwei Bereiche der Einrichtung auf:

- den Bereich der eigentlichen Leistungserstellung in Form der Altenpflege und
- den Dienstleistungsbereich in Form der Verwaltung.

Die Altenpflege ist unterteilt in die Pflegegruppe I und II. Beide Pflegegruppen werden in der Kostenstellenrechnung als so genannte bebuchbare Hauptkostenstellen abgebildet.

Die Verwaltung teilt sich auf in das Controlling und die Buchhaltung. Es handelt sich dabei um bebuchbare Hilfskostenstellen. Hilfskostenstellen deshalb, weil sie eine Hilfestellung für den eigentlichen Produktionsprozess zur Verfügung stellen in Form der Dienstleistungen des Controlling und der Buchhaltung.

Diese Hilfs- und Hauptkostenstellen sind bebuchbare Kostenstellen in der Nonprofit-Organisation. Sie werden mit den Daten aus den konkreten Geschäftsvorfällen versehen. Kauft die Einrichtung beispielsweise Büromaterial ein wird der Buchhalter direkt beim Buchungsvorgang das Konto und die betreffende Kostenstelle, den Betrag und den Buchungstext buchen.

Die Kostenstellen Verwaltung und Altenpflege sind so genannte Hierarchiekostenstellen. Hierarchiekostenstellen sind nicht bebuchbare Kostenstellen. Sie werden mit Zahlen bestückt indem die darunter liegenden bebuchbaren Kostenstellen addiert werden. Hierarchiekostenstellen erhalten ihre Zahlen aus der Verdichtung zweier oder mehrerer Basiskostenstellen. Sie summieren die Basiskostenstellen einer Pflegegruppe oder eines Dienstleistungsbereiches auf. In der Praxis der Nonprofit-Organisation werden i.d.R. auf den Hierarchiekostenstellen weder Plan- noch Istzahlen erfasst oder geplant. Dieser Vorgang geschieht auf den bebuchbaren Kostenstellen. Die Daten auf den Hierarchiekostenstellen entstehen dagegen durch die Addition/Aufsummierung der bebuchbaren Kostenstellen.

Das dritte Kapitel dieses Buches wird sich mit vielen Fragen rund um die Entwicklung und Nutzung der Kostenstellen befassen.

Die Kostenträgerrechnung

Die Kostenträgerrechnung ermöglicht wie bereits erwähnt die Kalkulation von Preisen für die einzelnen Produkte, die in der Nonprofit-Organisation angeboten werden.

Zentrale Frage der Kostenträgerrechnung ist damit:

> Welche Kosten sind für das Produkt oder den Kostenträger angefallen?

Die klassische Kostenträgerrechung unterscheidet zwei Ausprägungen an Kalkulationsmodellen. Diese sind die Kostenträgerstückrechnung und die Kostenträgerzeitrechnung. Je nach Zweck und Ziel, welches mit der Kostenträgerrechnung erreicht werden soll, wird die jeweilige Rechnungsmethode ausgewählt und angewendet.

Die folgende Abbildung gibt diesen Sachverhalt grafisch wieder:

Abb. 11: Klassische Ausprägungen der Kostenträgerrechnung

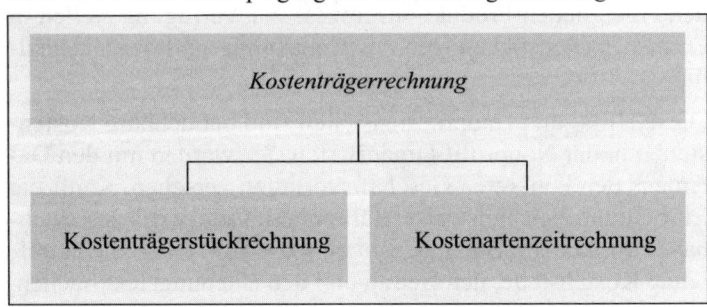

Kostenträgerstückrechnung

Die Kostenträgerstückrechnung ermittelt die Selbstkosten eines Erzeugnisses oder einer Kostenträgereinheit. Sie kann auch als Kalkulation bezeichnet werden.

Kostenträgerzeitrechnung

Bei der Kostenträgerzeitrechnung stellt eine Leistungsrechnung oder kurzfristige Erfolgsrechnung dar. Ihr Ziel ist es den Betriebserfolg auszuweisen. Sie wird auch als Betriebsergebnisrechnung bezeichnet. Mit ihrer Hilfe wird der auf die Leistungserstellung bezogene Erfolg ermittelt.

Beispiel für Kostenträger in der Sozialbranche für den Altenpflegebereich, den Bereich der Eingliederungshilfe und den der Jugendhilfe stellen sich wie folgt dar:

Altenpflege
• Pflegeleistungen: Pflegeklasse I
• Pflegeleistungen: Pflegeklasse II
• Pflegeleistungen: Pflegeklasse III
• Pflegeleistungen: Härtefälle
• Zusatzleistungen: Pflege
• Unterkunft und Verpflegung
• Investitionskostensätze

Eingliederungshilfe Leistungstypen im vollstationären Bereich
Leistungstyp I.1.1
• Maßnahmenpauschale LT I.1.1
  – Maßnahmepauschale LT I.1.1, HBG 1
  – Maßnahmepauschale LT I.1.1, HBG 2
  – Maßnahmepauschale LT I.1.1, HBG 3
  – Maßnahmepauschale LT I.1.1, HBG 4
  – Maßnahmepauschale LT I.1.1, HBG 5

- Grundpauschale LT I.1.1
- Investitionsbetrag LT I.1.1

Jugendhilfe
- Regelentgelt
- Entgelte für die konzeptionsbedingten Leistungen
- Investitionskostensatz

Die verschiedenen Verfahren der Kostenträgerrechnung werden in Kapitel 4 beschrieben.

2. Die acht zentralen Begriffe der Kosten- und Leistungsrechnung

Das Kapitel Kostenarten hat vier Unterkapitel in welchen die folgenden zentralen Fragen beantwortet werden:

Didaktischer Fahrplan durch das Kapitel

Kapitel-bezeichnung	Zentrale Fragen dieses Kapitels
Theorie und Praxis	• Was ist ein Budget? • Akzeptanz und Partizipation? • Buchhaltungstechnik und bilanzielle Zusammenhänge? • Die Aufgabe des Rechnungswesens? • Die gemeinsame Kommunikationsbasis? • Beispiel für eine unsachliche und gegenseitig unverständliche Kommunikation? • Psychohygienische Funktion? • Was sind eigentlich Unkosten? • Wie definieren sich die acht Begriffe? • Was sind Kosten? • Das Betriebsergebnis, was ist das? • Zusatz- und Anderskosten?
Praxisbeispiel aus dem Bereich „Menschen mit Behinderungen"	• Um welchen Schlüsselbegriff handelt es sich? • Wie heißen die Buchungssätze? • Wie sehen die Buchungssätze (grafisch) aus? • Wo sind die Vorgänge verortet: Bilanz- oder Gewinn- und Verlustrechnung?
Integratives Gespräch zu den acht Schlüsselbegriffen *Integratives Projekt Kinder und alte Menschen: Hans Schaufel*	• Wie sieht die Projektskizze aus? • Unterschiede zwischen Auszahlungen, Ausgaben und Aufwendungen sowie Kosten in diesem Projekt? • Kauf eines Klavieres und Abschreibung über die Jahre der Nutzung? • Wirtschaftlicher Geschäftsbetrieb und Vorsteuer? • Kalkulation des Projektes und Wirtschaftsplan für das erste Wirtschaftsjahr?
Praxisnutzen	• Welchen Praxisnutzen haben Budgetverantwortliche von der Kenntnis über die Kostenartenrechnung?

Grundlage des zielorientierten wirtschaftlichen Handelns in jeder NPO ist ein gemeinsames Verständnis der handelnden

Personen über die zentralen Begriffe der Kosten- und Leistungsrechnung.

Diese Schlüsselbegriffe sind für die Ausgestaltung und Entwicklung aber auch die Handhabung der *Budgetierung* von enormer Bedeutung für die NPO. Diese Schlüsselbegriffe sollen aufgezeigt werden. Bevor dies geschieht, soll die folgende Frage beantwortet werden: Was ist ein Budget?

Was ist ein Budget?
Für die Delegation der Budgetverantwortung muss im Vorfeld klar definiert sein, was ein Budget ist. Demjenigen der die Verantwortung abgibt, muss klar sein, was er abgibt und derjenige der die Verantwortung übernimmt, muss wissen, was er übernimmt. In der Praxis der Nonprofit-Organisation sind diese Punkte leider nicht immer eindeutig geregelt.

Die Definition dessen, was unter Budgets verstanden wird, kann aus der entsprechenden Controlling Literatur entnommen werden. Dahinter steht ein ausgeklügeltes und differenziertes Gedankenkonstrukt zu den betriebswirtschaftlich relevanten Vorgängen und deren Darstellung in Geldeinheiten.

> Ein Budget stellt einen in Zahlen fixierten Plan, der sich in der Regel auf das kommende Wirtschaftsjahr bezieht dar. Dieser Plan muss als Vorgabe von den Verantwortlichen der organisatorischen Teilbereiche mindestens erreicht oder aber nicht überschritten werden. Ein Budget stellt jedoch nur einen möglichen Fahrplan für den wirtschaftlichen Erfolg dar, der bei unvorhergesehenen Einsparkosten- oder Mehrleistungspotentialen auch übererfüllt werden kann (vgl. Ziegenbein, S. 364). Ein Budget wird umso eher erreicht werden, je mehr sich die Budgetverantwortlichen in Form der Fach- und Führungskräfte damit identifizieren. Für diese Identifikation ist es unerlässlich, dass die Verantwortlichen an der Aufstellung des Budgets beteiligt werden und über das entsprechende Know-how bezüglich dieser zu planenden Sollzahlen verfügen.

Akzeptanz und Partizipation
Eine wichtige Erkenntnis in oben angeführter Definition ist, dass die Akzeptanz und die Identifikation mit den Planzahlen bei der Budgetierung von besonderer Bedeutung sind. Diese Akzeptanz und Identifikation setzt bei den beteiligten Planungspartnern in Form der Kostenstellen- und Budget-verantwortlichen allerdings die Partizipation an der Planerstellung voraus. Diese Partizipation kann sinnvoll nur wahrgenommen werden, wenn entsprechendes Know-how bei den Planungsverantwortlichen vorhanden ist.

Die Fachliteratur macht dazu die folgenden Ausführungen:

„Um von den Beteiligten akzeptiert zu werden, sollte das Budget auf *Ermittlungsmodellen* mit Zukunftsbezug beruhen, bei denen nach einfachen Rechenvorschriften auf der

Grundlage hierarchisch aufgebauter Definitions- und Strom-
gleichungen sowohl konstante Eingabewerte (etwa perio-
disch fortzuschreibende Positionswerte der Bilanz oder gel-
tende Abschreibungs-, Steuer- und Zinssätze) als auch zeit-
verändernde Eingabedaten (etwa Werte aus Planungsrech-
nungen der verschiedenen Funktionsbereiche) verarbeitet
werden. Das erfordert ein fundiertes Verständnis sowohl der
buchhalterischen Techniken als auch für bilanzielle Zusammenhänge" (Ziegenbein, S. 364).

Die Fachliteratur fordert von den Budgetverantwortlichen sowohl ein fundiertes Verständnis für die buchhalterischen Techniken als auch über die bilanziellen Zusammenhänge. Aus der
Praxiserfahrung in den unterschiedlichen Leistungsbereichen
der NPO kann diese Erkenntnis bestätigt werden.

Buchhaltungs-
technik und
bilanzielle
Zusammen-
hänge

2.1 Theorie

In diesem Abschnitt sollen die acht Schlüsselbegriffe des Rechnungswesens vorgestellt werden. Von Schlüsselbegriffen sprechen wir in diesem Zusammenhang deshalb, weil sich große
Teile des betrieblichen Geschehens in Bezug auf die erhalte-
nen, verwendeten und abgegebenen Geldeinheiten mit diesen
Begriffen verstehen und differenziert diskutieren lassen.

„Die Aufgabe des Rechnungswesens besteht darin, das betriebliche Geschehen und die betrieblichen Zustände (Mo-
mentaufnahmen) in Geldeinheiten abzubilden. Dies entspricht einer (von vielen möglichen) Modelldarstellung(en)
eines Unternehmens, weswegen das traditionelle Rechnungswesen nicht die einzige Perspektive sein sollte, aus der
das Betriebsgeschehen analysiert und dokumentiert wird"
(Pracht, 2002, S. 35).

Aufgabe des
Rechnungs-
wesens?

An dieser Stelle kann festgehalten werden, dass viele unterschiedliche und betriebswirtschaftlich relevante Vorgänge für
die Nonprofit-Organisationen von

- der Kinder- und Jugendhilfe über
- die Arbeit mit Menschen mit Behinderungen bis hin zur
- Altenpflege

in *Geldeinheiten* bemessen werden. Die Darstellung dieser
Geldeinheiten erfolgt sehr differenziert über die unterschiedlichen externen Rechnungsweseninstrumente u.a. in der Bilanz
und Gewinn- und Verlustrechnung aber auch über die internen
Controlling-Instrumente wie das Berichtswesen oder die Kos-
tenstellenauswertungen in der Kosten- und Leistungsrechnung.

Es handelt sich im Wesentlichen um vier Begriffspaare, die im Folgenden näher beschrieben werden sollen (vgl. Pracht, 2002, S. 35).

Die *vier Begriffspaare* des Rechnungswesens stellen sich wie folgt dar:

- Ein- und Auszahlung
- Einnahme und Ausgabe
- Ertrag und Aufwand
- Leistungen und Kosten

Diese Begriffe werden in der täglichen Praxis des Rechnungswesens/Controlling permanent (un)bewusst und (un)wissend verwendet und (un)richtig verstanden und gedeutet. Im Gespräch entscheidet sich, ob die interne Verwaltung (Buchhaltung, Finanz- und Rechnungswesen, Controlling) und die pädagogisch inhaltlich verantwortlichen MitarbeiterInnen in Form der Budget- und Kostenstellenverantwortlichen eine gemeinsame Kommunikationsbasis aufbauen, anwenden und pflegen können oder nicht (vgl. Bachert, 2003, S. 15).

Beim Verständnis und der Anwendung der Schlüsselbegriffe treten in der Praxis oft Kommunikations- und Verständigungsprobleme auf, die eine sachliche Diskussion unmöglich machen.

Die Folgen sind:

- Emotionalität,
- Aggressivität
- unbearbeitete Aufgaben und
- suboptimale Problemlösungen.

Das sollte nicht sein!

Beispiel für
eine unsach-
liche und
unverständliche
Kommunika-
tion

Typische und vielfältige Äußerungen der aufeinander treffenden Berufsgruppen lassen sich leicht auflisten:

- Einzahlung, Einnahme, Ertrag oder nicht, ich hatte hier eine Spende und will diese gefälligst auf meiner Kostenstelle sehen.
- Sie haben diese Spende für eine Investitionsmaßnahme erhalten. Ich kann den vollständigen Spendenbetrag nicht auf einem Ertragskonto verbuchen! Dieser muss zunächst passiviert werden und dann über die Jahre hinweg ertragswirksam aufgelöst werden.
- Sie wollen mich nicht, und ich kann Sie rein kognitiv nicht verstehen!

oder

- Hier wurde für mich ein PC angeschafft, wo sind denn jetzt die Anschaffungskosten verbucht?
- Anschaffungskosten sehen Sie sowieso nicht! Wir buchen in den Kostenstellen die linearen Abschreibungsbeträge!
- Sie drücken sich immer und grundsätzlich unverständlich aus, das war jetzt gar nicht meine Frage!
- ... und Sie können mit Zahlen nichts anfangen.
- Lassen Sie doch bitte mal die Zahlen aus dem Spiel, wir sind doch dafür da, dass wir den Menschen helfen.

In allen oben aufgeführten Bemerkungen spiegelt sich die Sorge, selbst nicht ernst genommen zu werden. Die lieb gewonnene psychohygienische Funktion eines betrieblichen Feindbildes müsste abgelegt werden, wenn der Anspruch auf zielführende Kommunikation verwirklicht werden soll. Ferner versteckt sich jede Berufsgruppe hinter ihren berufsspezifischen Begriffen wie z.B. Sozialisation, orale Bedürfnisbefriedigung, Leistungen, Kosten, Internalisierung, anale Phasen. Daraus schöpfen wir die nötige Sicherheit im Umgang miteinander und grenzen uns berufsspezifisch voneinander ab. Dass die jeweilige Sprache für den Gegenüber einer anderen Berufsgruppe fachchinesisch ist, stellt einen „un"-erwünschten Nebeneffekt dar. Psychohygienische
Funktion

„In Zukunft kommt es darauf an, dass beide Seiten sich verstehen und optimal zusammenwirken" (vgl. Bachert, 2000, S. 15-16).

Unkosten gibt es in der Terminologie der Betriebswirte nicht. Es wird davon abgeraten dieses Wort im Beisein eines Betriebswirtes oder vergleichbaren Berufstandes zu erwähnen ... Was sind
eigentlich
Unkosten?

Über die folgende Abbildung (entnommen aus: Pracht, 2002, S. 35; siehe folgende Seite) soll der Zusammenhang zwischen den Begriffspaaren Wie definieren
sich die acht
Begriffe?

- Einzahlungen, Einnahmen und Erträge bzw.
- Auszahlungen, Ausgaben und Aufwendungen

aufgezeigt werden:

Die dargestellten Begriffe lassen sich über die folgenden Beispiele (Pracht, 2002, S. 35-37) definieren:

- *Einzahlung, aber keine Einnahme:* Erhöhung des Zahlungsmittelbestandes bei unverändertem Geldvermögen: Aufnahme eines Darlehens
- *Einzahlung = Einnahme:* Erhöhung des Zahlungsmittelbestandes führt zu einer Erhöhung des Geldvermögens: Barverkauf von Produkten der Werkstatt für Behinderte („Ladentischverkauf").

Abb. 12: Bestandsgrößen und Stromgrößen

Bestandsgrößen		Stromgrößen	
Kasse + Sichtguthaben = Zahlungsmittel		Einzahlung	Auszahlung
Zahlungsmittelbestand + Forderungen – Verbindlichkeiten		Einnahme	Ausgabe
Geldvermögen + Sachvermögen = Netto- oder		Ertrag	Aufwand
Reinvermögen – neutrale Vermögen = Betriebsvermögen		Leistung	Kosten
Bestände und ihre Komponenten		posistive Bestandsveränderungen	negative Bestandsveränderungen

- *Einnahmen, aber keine Einzahlung:* Erhöhung des Geldvermögens ohne Erhöhung des Zahlungsmittelbestandes: Warenlieferung auf Rechnung mit Zahlungsziel. Das heißt, wir können heute den Umsatz (als Einnahme) verbuchen, obwohl der Kunde noch gar nicht bezahlt hat.
- *Ausgabe, aber kein Aufwand:* Ausgabe innerhalb einer Periode, Aufwand erst in einer späteren Periode, d.h. einer *Verminderung* des Geldvermögens steht eine periodenspezifische *Erhöhung* des Sachvermögens gegenüber: Mietzahlungen im Voraus für die folgende Abrechnungsperiode oder Kauf von Heizöl, das erst in der kommenden Rechnungsperiode verbrannt wird.
- *Ausgabe = Aufwand:* Ausgabe einer Periode, Aufwand einer Periode: Mietzahlung für die laufende Abrechnungsperiode oder das Heizen mit dem in der laufenden Abrechnungsperiode beschafften Heizöl.
- *Aufwand, aber keine Ausgabe:* Aufwand der Periode, Ausgabe in einer früheren oder späteren Periode. Verminderung des Sachvermögens bei unverändertem Geldvermögen: Abschreibungen auf Anlagen; Pensionsrückstellungen; Garantierückstellungen.

In den oben dargestellten Beispielen werden die zentralen Begriffe mit denen sich die Mitarbeiter in der Buchhaltung tagein tagaus beschäftigten beschrieben. Jeder Geschäftsvorfall, den sie buchungstechnisch erfassen, ist mit einem oder zwei dieser Begriffe beschreibbar. Sie müssten sozusagen auch im Schlaf in der Lage sein ihre Bedeutung/Definition und ihre Verortung in der Bilanz und der Gewinn- und Verlustrechnung aufzuzeigen.

An welcher Stelle ob in der Bilanz oder der Gewinn- und Verlustrechnung die Begriffe auftauchen, verdeutlichen die folgenden beiden

Merksätze:

> Auszahlung und Ausgabe sowie Einzahlung und Einnahme sind Begriffe der Bilanz.

Sie finden sich auf Aktiv und Passivkonten und den damit zusammenhängenden Buchungsvorgängen wieder oder, ...

> Aufwand und Ertrag sind Begriffe der Gewinn- und Verlustrechnung.

... wie der Name schon sagt, der Aufwands- und Ertragsrechnung. Aufwendungen und Erträge werden auf den so genannten Aufwands- und Ertragskonten gebucht.

Kosten- und Leitungen sind Begriffe der Kosten- und Leistungsrechnung. Sie finden sich in dieser Betrachtung nicht wieder. Mehr dazu erfahren Sie in Kapitel 3 dieses Buches. Die folgende Abbildung (s. S. 46) zeigt den Schlüsselbegriff und seine Verortung an der jeweils entsprechenden Stelle in der Bilanz oder Gewinn- und Verlustrechnung auf. Daneben wird der Begriff kurz definiert (s. S. 46).

Zusammenfassend bleibt festzuhalten, dass

- Einzahlungen/Auszahlungen und Einnahmen auf der Aktivseite der Bilanz dargestellt werden. Diese drei Begriffe sind von ihrer Bilanzposition dem Umlaufvermögen zugeordnet.
- Ausgaben weisen die schuldrechtliche Verpflichtung einer Nonprofit-Organisation aus und werden auf der Passivseite unter der Bilanzposition kurzfristige Verbindlichkeiten aufgelistet.
- Alle vier Begriffe gehören von ihrer buchungstechnischen Verortung in die Bilanz.

Abb. 13: Die Bilanz und die zugeordneten Schlüsselbegriffe

Bilanz zum 31.12.
Haus Schlüsselbegriffe

Aktiva	Passiva
Anlagevermögen	Eigenkapital
Umlaufvermögen	Fremdkapital
Einnahme	*Ausgabe*
Konto: Forderungen aus Lieferungen und Leistungen	*Konto: Verbindlichkeiten aus Lieferungen und Leistungen*
Eine Einnahme ist eine vertraglich vereinbarte schuldrechtliche Verpflichtung der NPO. Zum Zeitpunkt, des Vertragsabschlusses sind die Zahlungen, die zu diesem Vorgang gehören, noch nicht eingegangen. Buchhalterisch sind die Rechnungen für diese Leistungen gestellt und als Forderung eingebucht. Die Einnahme wird als Bestandteil des Umlauf-vermögens dargestellt. Sie wird i.d.R. auf dem Konto Forderungen aus Lieferungen und Leistungen gebucht.	Ausgaben unterscheiden sich von den Auszahlungen dadurch, dass die tatsächlichen Abflüsse oder Zuflüsse von Zahlungsmitteln um Forderungen bzw. Schulden berichtigt sind. Ausgaben und Einnahmen entstehen durch schuldrechtliche Verpflichtungen. Wenn eine NPO eine Rechnung stellt und diese an den Schuld-ner verschickt, so entsteht buchhalterisch eine Forderung. Rechtlich entsteht diese bereits mit Abschluss des Vertrags. Die Ausgabe wird als Bestandteil des Fremdkapitals in der Bilanz ausgewiesen. Sie wird i.d.R. als Verbindlichkeit aus Lieferungen und Leistungen gebucht.
Auszahlung und Einzahlung	
Konten: z.B. Bank oder Kasse	
Auszahlungen und Einzahlungen sind der tatsächliche Zahlungsmittelab- oder -zufluss aus der Einrichtung. Dieser geschieht in Form von Bargeld oder über Banküberweisun-gen. Die Auszahlung und Einzahlung wird im Umlaufvermögen ausgewiesen. Die entsprechenden Aktivkonten heißen z.B. Bank oder auch Kasse.	

Im Folgenden soll auf eine Definition der Kosten- und Leistungen gegeben werden.

Kosten und Leistungen stehen im engen Zusammenhang mit dem Ergebnis der betrieblichen Tätigkeit der Organisation.

Abb. 14: Gewinn- und Verlustrechnung und die zugeordneten
Schlüsselbegriffe

Gewinn- und Verlustrechnung 31.12. *Haus Schlüsselbegriffe*	
Aufwand	*Ertrag*
Aufwendungen stellen den Werteverzehr für Güter und Dienstleistungen innerhalb einer bestimmten Rechnungsperiode dar, der nicht nur der Erfüllung des Betriebszweckes, also der Leistungserstellung und Leistungsverwertung dient.	*Erträge* sind der Wertzuwachs durch erstellte Güter und Dienstleistungen innerhalb einer bestimmten Rechnungsperiode, der nicht nur auf der Erfüllung des Betriebszweckes, also auf der Leistungserstellung und Leistungsverwertung beruht.
Ausgaben für erhaltene oder abgegebene Leistungen sind Aufwendungen, wenn sie bestimmten Rechnungsperioden zugerechnet werden. Aufwendungen werden – wie die zuvor genannten Begriffe – in der Finanzbuchhaltung erfasst. Sie sind der Gewinn- und Verlustrechnung zugeordnet.	*Einnahmen* für abgegebene Leisungen sind Erträge, wenn sie bestimmten Rechnungsperioden zugerechnet werden. Erträge werden – wie die zuvor genannten Begriffe – in der Finanzbuchhaltung erfasst. Sie sind der Gewinn- und Verlustrechnung zugeordnet.

Abschließend kann für diese Darstellung festgehalten werden:

- Aufwendungen und Erträge werden in der Aufwands- und Ertragsrechnung dargestellt.
- Es handelt sich dabei um Begriffe der Finanzbuchhaltung.
- Unter der Sammelbezeichnung Aufwendungen und Erträge werden sowohl die betrieblichen als auch die neutralen Aufwendungen und Erträge subsumiert.

Der folgende Textauszug verdeutlicht dies:

Der *Kostenbegriff* umfasst den Werte- (oder Ressourcen-) Verzehr einer Periode, der bei der Leistungserstellung angefallen ist. Analog stellt der *Leistungsbegriff* den Gegenwert der betrieblichen Tätigkeit dar, der sich in bewerteten Sachgütern und Dienstleistungen (Wertezugang) niederschlägt. *Wertezugang (Leistungen) „minus" Ressourcenverzehr (Kosten) ergibt das Betriebsergebnis.*[1]

Was sind
Kosten?

Anhand dieses Textes wird deutlich, dass die Buchhaltung alle Aufwendungen und Erträge in der Gewinn und Verlustrechnung bucht! Die Kosten- und Leistungsrechnung legt dagegen Wert darauf, dass in die Kalkulation nur die Aufwendungen und Erträge einbezogen sind, die mit dem *Betriebsergebnis* zusammen hängen. Der Kosten- und Leistungsrechner nimmt

Das Betriebsergebnis,
was ist das?

---

1 Pracht, 2002, S. 37.

also eine Auslese vor oder anders ausgedrückt er selektiert aus den Aufwendungen und Erträgen diejenigen heraus, die betriebsbedingt sind. Es handelt sich dabei um den so genannten Zweckaufwand/ertrag oder Betriebsaufwand/-ertrag. Der neutrale Aufwand ist für die Kosten und Leistungsrechnung nicht von Bedeutung. Dieser wurde ein besseres oder schlechteres kalkulatorisches Bild der NPO vermitteln.

Zusatz- und Anderskosten? Zudem kalkuliert die Kosten- und Leistungsrechnung über die betrieblichen Aufwendungen und Erträge hinaus, zusätzliche oder andere Kosten und Leistungen, die in der Finanzbuchhaltung nicht auftauchen. Sie werden im ersten Fall als Zusatzkosten und im zweiten Fall als Anderskosten bezeichnet.

„Das Betriebsergebnis zu berechnen ist zwar betriebswirtschaftlich ratsam, aber nicht verpflichtend. Daher könnte man vereinfachend Aufwendungen von Kosten auch so abgrenzen, dass alle erfolgswirksamen Vorgänge im Betrieb, die nicht in der Bilanz erscheinen dürfen und unmittelbar mit dem betrieblichen Leistungserstellungsprozess zu tun haben, zwar Kosten aber keine Aufwendungen sind. Solche Größen, die den auszuweisenden Gewinn des Betriebs beeinflussen und im Jahresabschluss aufgeführt werden müssen, jedoch nicht ursächlich mit dem Leistungserstellungsprozess zusammenhängen, sind Aufwand oder Ertrag, jedoch nicht Kosten oder Leistungen.

Im Folgenden soll detaillierter auf diese Abgrenzungen eingegangen werden.

Der Begriff des Aufwands beinhaltet den
- neutralen Aufwand und den
- Zweckaufwand

Der Kostenbegriff umfasst die
- Grundkosten und die
- Zusatzkosten

Der Begriff des Zweckaufwandes und der Grundkosten können synonym verwendet werden (Zweckaufwand = Grundkosten).

Abgrenzungsrelevant in diesem Zusammenhang sind damit die Begriffspaare „neutraler Aufwand" und „Zusatzkosten".

Neutraler Aufwand:

- Betriebsfremder Aufwand
Aufwand, der nicht mit den Leistungserstellungsprozessen des Betriebs in Verbindung gebracht werden kann.
Hier werden in den meisten Unternehmen, deren Finanzie-

rung durch Leistungsgesetze abgedeckt ist, die Spenden zugeordnet.

Abb. 15: Abgrenzung zwischen Aufwand und Kosten

Aufwand				
Neutraler Aufwand		Zweckaufwand		
Betriebs-fremd	Außer-ordentlich			
			Zusatzkosten	
		Grundkosten	Entsprechen keiner Auf-wandsart	Übersteigen Aufwen-dungen
		Kosten		

• Außerordentlicher Aufwand
Aufwand, der zwar mit den Leistungserstellungsprozessen
zusammenhängt, jedoch weder terminlich noch der Höhe
nach vorhersehbar war.
Als ein wichtiges Beispiel hierfür kann die Finanzierung
von Mietkosten gelten, wenn beispielsweise der Betriebs-
ausfall nicht versichert wurde und bei Brand einer stationä-
ren Einrichtung Ersatzräume beschafft werden müssen.

Zusatzkosten:

• Kalkulatorische Kostenarten, denen keine Aufwands-
  arten entsprechen.
Für den Ausfall von Zinseinnahmen wegen Vorfinanzierung
staatlicher Fördergelder dürfen im Jahresabschluss keine
Aufwendungen geltend gemacht werden. Eine Vernachläs-
sigung dieser nicht realisierbaren Erträge verfälscht jedoch
die Höhe der Gesamtkosten in der Kalkulation. Für den
„Familienbetrieb", der ein Altenheim betreibt, dürfen bei
Personengesellschaften keine Gehälter der Eigentümer als
Aufwand in die Bilanz eingestellt werden. Den eigenen
Lohn jedoch in der Kalkulation der Kosten zu vergessen,
wäre aber wenig ratsam.

Anderskosten:

• Kalkulatorische Kostenarten, soweit sie entsprechende
  Aufwandsarten übersteigen.
Hier kann als Paradebeispiel die Abschreibung auf Anlagen
herangezogen werden.
Es hat Jahre gedauert, bis der Gesetzgeber die Abschrei-
bungsdauer von PCs dem technisch – wirtschaftlichen Verbrauch angepasst hat. Heute sind das u.U. drei Jahre, 1997

waren es beispielsweise noch fünf Jahre, die für einen PC angesetzt werden mussten."[2]

Fazit: Die folgende Tabelle zeigt abschließend den Weg vom Aufwand und Ertrag zu den Kosten und Leistungen auf:

Abb. 16: Der Weg vom Ertrag/Aufwand zu den Kosten/Leistungen

Kosten	*Leistungen*
Aufwand	Ertrag
– Neutraler Aufwand = Betriebsaufwand = Grundkosten	– Neutraler Ertrag = Betriebsertrag = Grundleistungen
+ Kalkulatorische Kosten (Zusatzkosten)	+ Kalkulatorische Leistung (Zusatzleistung)
= Kosten	*= Leistungen*

2.2 Praxisbeispiel aus dem Bereich Menschen mit Behinderungen

Die folgenden 16 Vorgänge betreffen unterschiedliche Bereiche in einer Komplexeinrichtung im Bereich BSHG. Zunächst werden die Vorgänge beschrieben. Im Anschluss an die Schilderung der Vorgänge erfolgt die Beantwortung folgender Fragen:

- Um welchen Schlüsselbegriff handelt es sich?
- Wie heißen die Buchungssätze?
- Wie sehen die Buchungssätze aus?
- Wo sind die Vorgänge verortet:
- Bilanz- oder und Gewinn- und Verlustrechnung?

Antwortteil a)

Um welchen Schlüsselbegriff handelt es sich? Hier wird die Antwort auf die Frage gegeben, ob es sich um eine Auszahlung, eine Ausgabe, einen Aufwand oder um Kosten handelt. bzw. die Frage beantwortet, ist es eine Einzahlung, eine Einnahme, ein Ertrag oder eine Leistung.

Antwortteil b)

Wie heißen die Buchungssätze? Dieser Antwortteil gibt den Buchungssatz wieder. Bei der Darstellung der Buchungssätze wurde die für die Buchhaltung übliche Darstellungs- und Sprachweise verwendet. Dabei wird der Buchungssätze zu den 16 Vorgängen wie folgt erläutert. Es wird immer zunächst das im Soll betroffene Konto genannt und anschließend das im Haben betroffene Konto.

---

2 Pracht, 2002, S. 37-39.

Antwortteil c)

Darin wird zur graphischen Darstellung der Buchungssätze das T-Konto verwendet. Die linke Seite dieser T-Konten heißt immer *Soll,* die rechte Seite dieser T-Konten heißt immer *Haben.* Ein T-Konto sieht folgendermaßen aus:

Wie sehen die Buchungssätze (grafisch) aus?

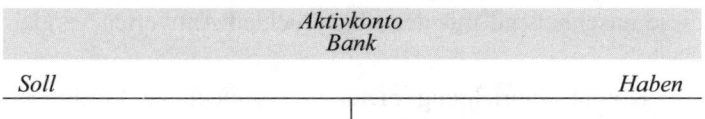

Aktivkonto *Bank*	
Soll	Haben

Die Reihenfolge der dargestellten T-Konten ist so gewählt, das von links nach rechts die Aktivkonten und Passivkonten dargestellt werden. Diese Reihenfolge leitet sich aus der Darstellung in der Bilanz ab: *Aktivkonten links* und die *Passivkonten rechts.* Handelt es sich um einen Buchungssatz bei dem ein Aktivkonto betroffen ist, wird von rechts nach links zuerst dieses dargestellt auch wenn es eine Buchung im Haben aufweist, das dazugehörige Passivkonto folgt rechts daneben. Anschließend werden ebenso *von links nach rechts die Aufwands- und Ertragskonten* aufgelistet. Dabei wird von einer Betrachtung der Gewinn- und Verlustrechnung in Konten-Form ausgegangen. Nach dem HGB wäre für die Gewinn- und Verlustrechnung die Staffelform anzuwenden. Bei der Staffelform entstehen jedoch für die Darstellung didaktische Nachteile. In der T-Kontenform sind alle Aufwandskonten links dargestellt. Die Ertragskonten sind rechts dargestellt. Die folgende Darstellung verdeutlicht noch einmal die Herleitung der Aufwands- und Ertragskonten aus der GuV.

Eigenkapital	
Soll	Haben

Aufwandskonten	Ertragskonten

Miete		*Pflegegelder*	
Soll	Haben	Soll	Haben

Löhne und Gehälter		*Zinserträge*	
Soll	Haben	Soll	Haben

Kontenform der Gewinn- und Verlustrechnung

Mieten Löhne und Gehälter	Pflegegelder Zinserträge
Summe	*Summe*

Antwortteil d)

Wo sind die
Vorgänge
verortet:
Bilanz- oder
Gewinn- und
Verlustrech-
nung?

Hier wird die Frage beantwortet, ob die Konten in der Bilanz oder der Gewinn- und Verlustrechnung verortet sind.

So viel in Kürze zur Erklärung der folgenden Vorgänge. Sie können jeweils versuchen die Antworten selbst zu geben und diese anschließend mit den abgedruckten Antworten vergleichen.

Die Komplexeinrichtung bietet unterschiedliche Leistungen an. Ausgewählte Leistungsbereiche sind:

Ausgewählte Leistungsbereiche der Komplexeinrichtung
• WfMB: Werkstatt für Menschen mit Behinderungen
• FuB: Förder- und Betreuungsbereich
• BBW: Berufsbildungswerk
• WuB: Wohn und Betreuungsbereich
• EaR: Essen auf Rädern
• ZD: Zentrale Dienstleistungen: Buchhaltung, Personal und Controlling

Sechzehn Vorgänge zu den Begriffen:

1. **Rohstoffeinkauf auf Ziel (WfBM)**
   Die WfMB kauft Rohstoffe in Form von Holz für die Produktion auf Ziel ein. Bei einem Einkauf auf Ziel wird die Ware der Nonprofit-Organisation bereits zur Verfügung gestellt, die Rechnung für diese Ware liegt vor. Die NPO hat für die Bezahlung der Rechnung jedoch ein Zahlungsziel. Das heißt, sie hat einen gewissen Zeitraum zur Verfügung gestellt bekommen, bis zu dessen Ende bzw. in welchem sie die Ware bezahlen sollte. Dieses Zahlungsziel wird in Tagen angegeben. Für dieses Beispiel soll es sich um ein Zahlungsziel von 10 Tagen handeln. Das heißt, die Rechnung kann innerhalb von 10 Tagen bezahlt werden. Innerhalb dieser Frist ist es möglich das Skonto zu realisieren. Dies bedeutet, dass vom Rechnungsbetrag ein vom Lieferant benannter Prozent-Betrag von der Rechnung abgezogen werden darf. Wird später bezahlt, ist der vollständige Rechnungsbetrag fällig.

2. **Darlehenszinserträge gehen in der Bank ein (BBW)**
   Das BBW hat an unterschiedliche Kooperationspartner in den Nachbargemeinden Darlehen vergeben. In der Satzung der Komplexeinrichtung sind diese unterstützenden Maßnahmen ausdrücklich benannt und vorgesehen. Die Zinserträge dafür gehen in der Bank ein.

3. **Die Zentralen Dienste überweisen die Löhne und Gehälter**
Die Zentralen Dienste überweisen die Löhne und Gehälter für die beschäftigten MitarbeiterInnen. Die Verbuchung der Aufwendungen und der Verbindlichkeiten dafür ist bereits erfolgt. Es geht bei diesem Vorgang um die Buchung des Liquiditätsmittelabfluss.

4. **Zinsen Darlehen (FuB)**
Der Förder- und Betreuungsbereich hat im Vorjahr ein Investitionsdarlehen erhalten. Es fallen jetzt die Zahlungen für die Zinsen dieses Darlehens an.

5. **Heizöl – Lieferung und Rechnung auf Ziel**
Das Heizöl zur Beheizung der Organisation wird zentral angeliefert und in die Tanks gefüllt. Der Lieferant überreicht die Rechnung einem Mitarbeiter der Zentralen Dienste mit einem Zahlungsziel von 10 Tagen.

6. **Tilgung eines Darlehens im Bereich Essen auf Rädern**
Der Bereich Essen auf Rädern hat ein Darlehen erhalten zur Finanzierung der dort eingesetzten Fahrzeuge. Die Tilgung dieses Darlehens wird jetzt vorgenommen.

7. **Abschreibung Fuhrpark linear auf sechs Jahre**
Im Bereich Essen auf Rädern wird der Fuhrpark linear auf sechs Jahre abgeschrieben.

8. **Auslieferung von Essen und Rechnungsstellung**
Der Bereich Essen auf Rädern liefert täglich Essensportionen aus. Die Rechnungen dafür werden einmal im Monat von der Buchhaltung geschrieben, versendet und eingebucht.

9. **Mietzahlung**
Die Zentralen Dienste sind in einem modernen Bürogebäude untergebracht, welches nicht der Komplexeinrichtung gehört und angemietet ist. Die Miete wird monatlich als Abschlagszahlung fällig. Die Komplexeinrichtung erhält hier monatlich eine Rechnung.

10. **Mieteinzahlung**
Der FuB hat Räume an eine Einrichtung der Caritas vermietet. Das Gebäude wurde in der Bauphase so konzipiert, dass die Fremdvermietung vorgesehen war. Die Mieterträge sind in die Kalkulation eingeplant gewesen. Auf dem Bankkonto geht die Mietzahlung ein.

11. **Spenden gehen ein**
Die Geschäftsführerin der WfMB ist eine rege und engagierte Frau, die es immer wieder durch Fundraisingaktivi-

täten erreicht, dass Spenden zur Verfügung gestellt werden. Auf dem Bannkonto geht eine größere Spendensumme ein.

12. Fahrzeugverkauf
Die WfBM verkauft einen ihrer LKW zum Buchwert von 1.000 EURO. Sie stellt dazu eine Ausgangsrechnung über diesen Betrag an die Privatperson aus, die den LKW abholt.

13. Fahrzeugverkauf über (Rest-)Buchwert
Der Bereich EaR ist etwas findiger beim verkaufen seiner Fahrzeuge. Sie verkaufen einen ihrer LKW mit Buchwert von 1.000 EURO für 2.000 EURO. Auch Sie stellen eine Rechnung aus und übergeben diese Rechnung dem Käufer des Fahrzeugs bei Abholung.

14. Geldeingang aus LKW – Verkauf
Der ausstehende Betrag für den verkauften LKW geht auf dem Bankkonto geht ein. Es handelt sich hierbei um den Fahrzeugverkauf aus der vorherigen Aufgabe Nr. 12.

15. Fahrzeugkauf PKW
Der Bereich Essen auf Rädern kauft einen neuen PKW und erhält bei der Abholung eine Rechnung über den Kaufpreis.

16. Rechnungsstellung für die Leistungen WuB
Die Zentralen Dienste stellen die Rechnungen für die Unterbringung der Menschen mit Behinderungen im WuB an den zuständigen Leistungsträger.

Antwortteil zu den 16 Vorgängen

1. Rohstoffeinkauf auf Ziel (WfBM)
a) Die WfMB kauft Rohstoffe in Form von Holz für die Produktion auf Ziel ein. Es handelt sich um eine Ausgabe. Die schuldrechtliche Verpflichtung ist durch den Abschluss des Kaufvertrages entstanden. Mit der Lieferung der Rohstoffe und dem Erhalt der Rechnung werden die Ausgaben buchungstechnisch erfasst. Ein betrieblicher Aufwand entsteht erst durch die Entnahme der Rohstoffe für die Zwecke der Produktion aus dem Lager. Die Auszahlung wird getätigt, wenn das Zahlungsziel erreicht ist und die Rechnung beglichen wird.

b) Der Buchungssatz lautet:

Rohstoffe	an	Verbindlichkeiten

c) Die Buchungssätze stellen sich wie folgt dar (die betreffende Seite auf der der EURO-Betrag verbucht wird, ist grau unterlegt):

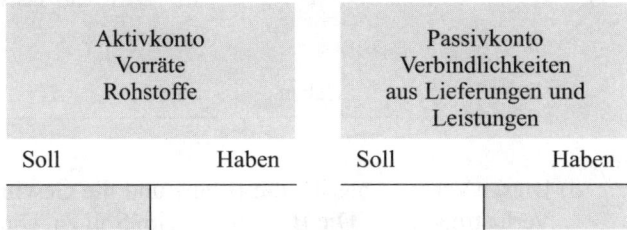

Aktivkonto Vorräte Rohstoffe		Passivkonto Verbindlichkeiten aus Lieferungen und Leistungen	
Soll	Haben	Soll	Haben

d) Dieser Vorgang betrifft die Bilanz. Die Vorräte (Rohstoffe) werden auf einem Aktivkonto des Umlaufvermögens gebucht. Die Verbindlichkeiten aus Lieferungen und Leistungen sind dem kurzfristigen Fremdkapital auf der Passivseite zugeordnet. Der Ausgleich der Verbindlichkeit erfolgt über die spätere Zahlung. Die Buchung dabei lautet: Verbindlichkeiten an Bank. Der Bestand der Vorräte vermindert sich Zug um Zug mit der Entnahme aus dem Lager. Die Entnahme oder der Verbrauch der Rohstoffe wird im Haben des Aktivkontos Vorräte erfasst und auf einem Aufwandskonto der Gewinn und Verlustrechnung im Soll gegen gebucht.

2. **Darlehenszinserträge gehen in der Bank ein (BBW)**

a) Das BBW hat an unterschiedliche Kooperationspartner in den Nachbargemeinden Darlehen vergeben. In der Satzung der Komplexeinrichtung sind diese unterstützenden Maßnahmen ausdrücklich benannt und vorgesehen. Die Zinserträge dafür gehen in der Bank ein. Es handelt sich um eine *Einzahlung* und einen *Ertrag*. Die schuldrechtliche Verpflichtung ist durch den Abschluss des Darlehensvertrages entstanden. Mit der Zahlung der Zinsen begleicht der Darlehensnehmer die Zinsschuld. Dieser Ertrag ist ebenfalls eine *Leistung*. Da die Vergabe von Darlehen Betriebszweck ist und in der Satzung des BBW erwähnt ist. Falsch wäre in diesem Zusammenhang der Gedanke, dass sich die Schulden des Darlehensnehmer vermindern. Es handelt sich hierbei um keine Tilgung. Die Tilgung würde die ausgewiesenen Forderungen gegenüber dem Darlehensnehmer vermindern. Dies geschieht bei der Zinszahlung nicht.

b) Der Buchungssatz lautet:

Bank	an	Darlehenszinsen

c) Die Buchungssätze stellen sich wie folgt dar:

Aktivkonto Bank		Ertragskonto Darlehenszinsen	
Soll	Haben	Soll	Haben

d) Dieser Vorgang betrifft die Bilanz und die Gewinn- und Verlustrechnung. Die Bank nimmt im Soll zu. Die jederzeit verfügbaren Bankguthaben nehmen zu und der Zahlungsmittelbestand wächst. Das Konto Bank ist ein Aktivkonto des Umlaufvermögens. Das Ertragskonto Darlehenszinsen wird im Haben gebucht. Die Summe der Erträge erhöht sich dadurch.

3. **Die Zentralen Dienste überweisen die Löhne und Gehälter**

a) Die Zentralen Dienste überweisen die Löhne und Gehälter. Die Verbuchung der Aufwendungen und der Verbindlichkeiten dafür ist bereits erfolgt. Es geht bei diesem Vorgang um die Buchung des Liquiditätsmittelabfluss. Es handelt sich um eine *Auszahlung*. Die Verpflichtung ist durch den Abschluss der Arbeitsverträge mit den Mitarbeiterinnen eingegangen worden. Die Aufwands- und Ausgabenbuchung ist bereits erfolgt, als die Verbindlichkeiten gebucht worden sind. Im Zusammenhang mit dieser Aufwandsbuchung ist auch zu prüfen, ob es sich dabei um Kosten handelt. Die Kostenfrage ist zu bejahen, da der Aufwand für Löhne und Gehälter auch Kosten darstellt. Es sei denn die MitarbeiterInnen sind nicht betriebsbedingt eingesetzt.

b) Der Buchungssatz lautet:

Verbindlichkeiten	an	Bank

c) Die Buchungssätze stellen sich wie folgt dar:

Aktivkonto Bank		Passivkonto Verbindlichkeiten	
Soll	Haben	Soll	Haben

d) Dieser Vorgang betrifft die Bilanz. Das Konto Bank nimmt ab, die Verbindlichkeiten ebenso (Aktiv- und Passivminderung). Die Gewinn und Verlustrechnung ist bei diesem Vorgang nicht betroffen. Sie war mit der Aufwandsbuchung auf dem Konto Löhne und Gehälter im Soll betroffen als die Verbindlichkeiten aus Löhnen und Gehältern gegenüber den Mitarbeiter gebucht worden sind.

4. **Zinsen Darlehen (FuB)**

a) Der Förder- und Betreuungsbereich hat im Vorjahr ein Investitionsdarlehen erhalten. Es fallen jetzt die Zahlungen für die Zinsen dieses Darlehens an. Es handelt sich um eine Auszahlung und einen Aufwand. Zinsen für Darlehen, die zur Erfüllung des Betriebszweckes gegeben worden sind, stellen einen betrieblich bedingten Werteverzehr dar. Aus diesem Grund handelt es sich hierbei auch um Kosten.

b) Der Buchungssatz lautet:

Darlehenszinsen	an	Bank

c) Die Buchungssätze stellen sich wie folgt dar:

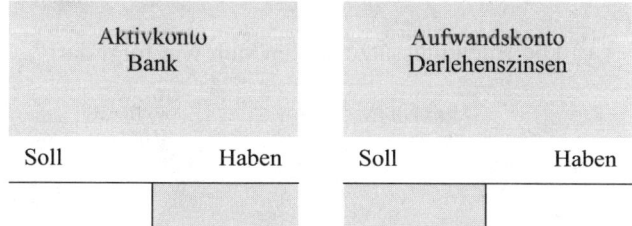

d) Dieser Vorgang betrifft die Bilanz und die Gewinn- und Verlustrechnung der Komplexeinrichtung. Das Konto Bank nimmt ab, das Konto Darlehenszinsen in der Gewinn und Verlustrechnung ist bei diesem Vorgang im Soll betroffen. Es handelt sich hier um keine Tilgungsleistung. Die Passivseite der Bilanz der Komplexeinrichtung ist nicht betroffen. Die Verminderung des Fremdkapitals tritt erst bei einer Tilgung ein.

5. **Heizöl Lieferung und Rechnung auf Ziel**

a) Das Heizöl der Organisation wird zentral angeliefert und in die Tanks gefüllt. Der Lieferant überreicht die Rechnung einem Mitarbeiter der Zentralen Dienste mit einem Zahlungsziel von 10 Tagen. Es handelt sich hier um eine Ausgabe. Die Rechnung ist noch nicht bezahlt, das Heizöl ist ferner noch nicht für die Heizzwecke der Betriebsräume verbrannt worden. Um einen Aufwand handelt es sich erst, wenn die Entnahme aus dem Heizöllager erfolgt (siehe auch Rohstoffe WfBM). Im diesem Zusammenhang fallen dann auch Kosten an, da der Aufwand betriebsbedingt für die Heizung der Betriebsräume angefallen ist.

Alternativ bestünde die Möglichkeit, diesen Betrag direkt in die Gewinn- und Verlustrechnung als Aufwand in einer Summe oder aber anteilig in monatlichen geschätzten Abschlagsbuchungen (Heizung) zu buchen. Im ersten Fall müssten am Jahresende dann allerdings der nicht verbrauchte Rest des Heizöls, wieder auf das Vorratskonto gebucht und damit die Gewinn- und Verlustrechnung um den nicht verbrauchten Rest entlastet werden. Im zweiten Fall würde der Aufwand nur in der jeweiligen anteiligen Höhe gebucht worden sein. Auf jeden Fall müssen wie bereits erwähnt über eine Inventur die Restbestände zum 31.12 ermittelt werden. Das Vorratskonto darf nur den tatsächlichen Restbestand zum 31.12 ausweisen.

b) Der Buchungssatz lautet:

Vorräte	an	Verbindlichkeiten

c) Die Buchungssätze stellen sich wie folgt dar:

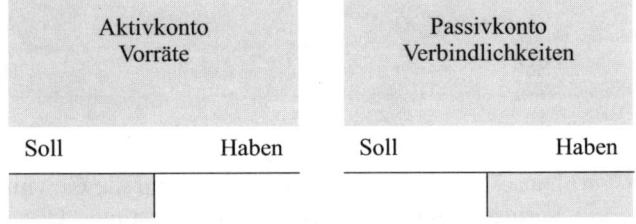

d) Dieser Vorgang betrifft ausschließlich die Bilanz. Die Aktivseite der Bilanz wächst. Die Passivseite ebenso. Es handelt sich um eine Aktiv-Passivmehrung.

Bis zum Verbrauch des Heizöls fallen keine Aufwendungen an. Unabhängig von der Gestaltung in der Finanzbuchhaltung, sollte im Zuge einer sinnvollen Gestaltung des Controlling darauf geachtet werden, dass monatlich in die Kostenstellen der jeweiligen Budgetverantwortlichen anteilig Abschlagsbeträge über die Heizkosten eingestellt werden. Wird z.B. erst am Jahresende der Verbrauch an Heizöl ermittelt und dann der Aufwand gebucht und dann auch erst als Kosten in die Kostenrechnung übergeleitet, wiegt sich der Budgetverantwortliche bis zu diesem Zeitpunkt in einer mollig warmen Sicherheit. Er hat keinen Einblick in die tatsächliche Höhe der Konten.

6. **Tilgung eines Darlehens im Bereich Essen auf Rädern**

   a) Der Bereich Essen auf Rädern hat ein Darlehen erhalten zur Finanzierung der dort eingesetzten Fahrzeuge. Die Tilgung dieses Darlehens wird jetzt vorgenommen. Es handelt sich hier um eine *Auszahlung*. Der Zahlungsmittelbestand vermindert sich durch den Abfluss an liquiden Bankguthaben.

   b) Der Buchungssatz lautet:

Darlehen	an	Bank

   c) Die Buchungssätze stellen sich wie folgt dar:

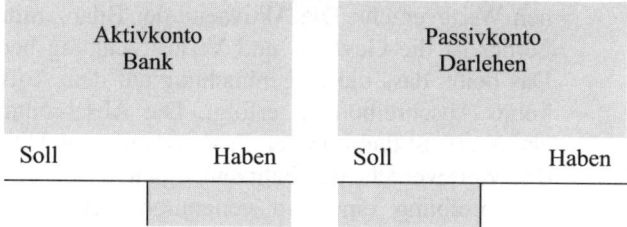

   d) Dieser Vorgang betrifft ausschließlich die Bilanz. Die Aktiv- und Passivseite der Bilanz nimmt ab. Es handelt sich um eine Aktiv-Passivminderung.

7. **Abschreibung Fuhrpark linear auf 6 Jahre**

   a) Im Bereich Essen auf Rädern wird der Fuhrpark linear auf sechs Jahre abgeschrieben.
   Bei der Abschreibung handelt es sich um einen *Aufwand* aufgrund des Werteverzehrs der Wirtschaftsgüter des Anlagevermögens. Die Abschreibung macht diesen Werteverzehr deutlich. Das Sachvermögen vermindert sich durch die Abschreibungsbuchung. Für die Kosten- und Leistungsrechnung handelt es sich hier auch um *Kosten*. Die Fahrzeuge werden in diesem Fall dienstlich genutzt. Sollte es durch die anspruchsvolle Nutzung z.B. durch die Zivildienstleistenden zu einer kürzeren Nutzungsdauer als die angesetzten sechs Jahre kommen, müsste ggf. eine kalkulatorische Abschreibung in die Kosten- und Leistungsrechnung eingestellt werden. Die Abschreibungsbeträge wären dann höher, da die Nutzungsdauer verkürzt ist. Die Kosten- und Leistungsrechnung spricht dann von den so genannten Anderskosten.

b) Der Buchungssatz lautet:

Abschreibungs(aufwand)	an	Fuhrpark

c) Die Buchungssätze stellen sich wie folgt dar:

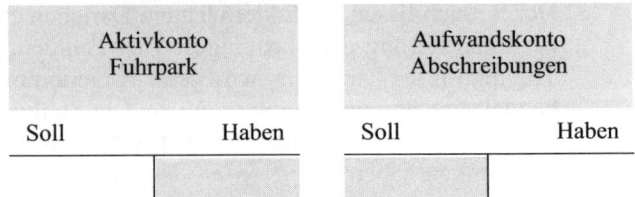

Aktivkonto Fuhrpark		Aufwandskonto Abschreibungen	
Soll	Haben	Soll	Haben

d) Dieser Vorgang betrifft die Bilanz und dort das Aktivkonto Fuhrpark. Der Wert des Fahrzeugs wird durch die Abschreibungsbuchung gemindert. Die Abschreibung erfasst den durch die Nutzung des Fahrzeugs entstandenen Werteverzehr. Die Aktivseite der Bilanz nimmt ab. Ferner ist die Gewinn- und Verlustrechnung betroffen. Das heißt, dass die Gegenbuchung auf dem Aufwandskonto Abschreibungen erfolgt. Die Abschreibungsbuchung erfasst damit in der GuV und auf dem Aktivkonto den Werteverzehr des Fahrzeugs gleichzeitig erfüllt die Abschreibung einen so genannten Refinanzierungsaspekt. D.h. wenn die Organisation keine Verluste hat und ein ausgeglichenes Ergebnis erwirtschaftet, ist am Ende des Abschreibungszeitraumes der Anschaffungsgegenwert des Anlagegutes refinanziert.

8. **Auslieferung von Essen und Rechnungsstellung**

a) Der Bereich Essen auf Rädern liefert täglich Essensportionen aus. Die Rechnungen dafür werden einmal im Monat von der Buchhaltung geschrieben, versendet und eingebucht. Es handelt sich hier um eine *Einnahme* einen *Ertrag* und eine *Leistung*. Die Rechnungen sind an dieser Stelle durch die Kunden noch nicht bezahlt. Von daher ist es keine Einzahlung.

b) Der Buchungssatz lautet:

Forderungen	an	Ertrag aus EaR

c) Die Buchungssätze stellen sich wie folgt dar:

Aktivkonto Forderungen		Ertragskonto Essen auf Rädern	
Soll	Haben	Soll	Haben

d) Dieser Vorgang betrifft die Bilanz und die Gewinn- und Verlustrechnung. Die Forderungen auf der Aktivseite nehmen zu. Das Konto Erträge aus Essen auf Rädern verzeichnet ebenso einen Zuwachs im Haben. Für die Liquiditätssteuerung, aber auch das Mahnwesen sind die Forderungen ein wichtiger Faktor. Insofern ist es sehr zu empfehlen eine Liquiditätssteuerung über entsprechende Kennzahlen durchzuführen.

9. Mietzahlung

a) Die zentralen Dienste sind in einem modernen Bürogebäude untergebracht, welches nicht der Komplexeinrichtung gehört und angemietet ist. Die Miete wird monatlich als Abschlagszahlung fällig. Die Komplexeinrichtung erhält hier monatlich eine Rechnung (1.). Es handelt sich hier zunächst um eine *Ausgabe* einen *Aufwand* und *Kosten*. Bei der Bezahlung der Miete handelt es sich um eine *Auszahlung* (2.).

b) Die Buchungssätze lauten:

1. Miete	an	Verbindlichkeiten
2. Verbindlichkeiten	an	Bank

c) Die Buchungssätze stellen sich wie folgt dar:

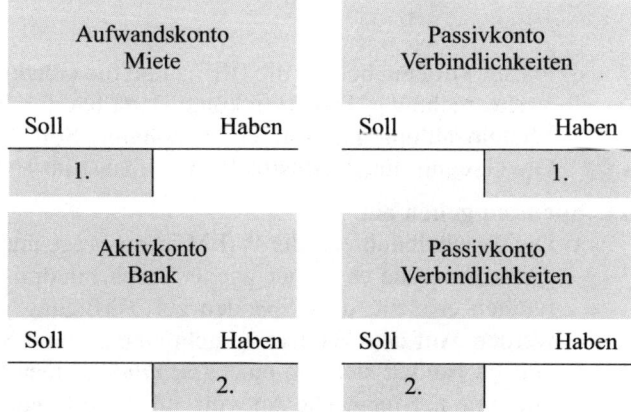

d) Dieser Vorgang betrifft (1) die Bilanz und die Gewinn- und Verlustrechnung. Beim Zahlungsausgleich über die Bank ist ausschließlich die Bilanz betroffen (2).

10. Mieteinzahlung

a) Der FuB hat Räume an eine Einrichtung der Caritas vermietet. Das Gebäude wurde in der Bauphase so konzipiert, dass die Fremdvermietung vorgesehen war. Die

Mieterträge sind in die Kalkulation eingeplant gewesen. Auf dem Bankkonto geht die Mietzahlung ein. Es handelt sich um einen *Einzahlung*, einen *Ertrag* und eine *Leistung*. Die Miete wird von der Einrichtung der Caritas überwiesen. Der Zuwachs an liquiden Mitteln auf dem Bankkonto wird als Einzahlung bezeichnet. Das Geldvermögen nimmt zu. Ferner wächst Netto- oder Reinvermögen durch den Zuwachs bei den Erträgen. Es handelt sich bei diesen Erträgen um bewusst eingeplante betriebliche Erträge. Aus diesem Grund sind es auch Leistungen. Der Bau und der anschließende Bezug dieser Räume durch die FuB wäre ohne die Vermietungsplanung und der daraus resultierenden Mieterträge nicht denkbar und realisierbar gewesen.

b) Der Buchungssatz lautet:

Bank	an	Mietertrag

c) Die Buchungssätze stellen sich wie folgt dar:

Aktivkonto Bank		Ertragskonto Miete	
Soll	Haben	Soll	Haben

d) Dieser Vorgang betrifft die Bilanz und die Gewinn- und Verlustrechnung. Das Aktivkonto Bank hat durch diese Mieteinzahlung im Soll einen höheren Soll-Summe. Die Gewinn- und Verlustrechnung wächst im Haben.

11. Spenden gehen ein

a) Die Geschäftsführerin der WfBM ist eine rege und engagierte Frau, die es immer wieder durch Fundraisingaktvitäten erreicht, dass Spenden zur Verfügung gestellt werden. Auf dem Bannkonto geht eine größere Summe ein. Es handelt sich um eine *Einzahlung*, einen *Ertrag* und eine *Leistung*. Die Antwort auf diese Frage würde für einen Industriebetrieb anders lauten. Die Betrachtung einer Spende als Leistung käme dort nicht in Frage. Eine Spende könnte dort als Ertrag betrachtet werden, sofern der Industriebetrieb Spenden erhält. In diesem Beispiel ist jedoch die Rede davon, dass die Geschäftsführung bewusst Zeit einsetzt um diese Spenden zu akquirieren. Das heißt die Organisation verzehrt betriebliche Dienstleistungen und Werte um diese Spendenmittel zu erhalten. Dieser betriebliche Ertrag stellt von daher einen Leistung dar. Die Ertragsbuchung erfolgt hier zeitgleich mit der Einzahlungsbuchung über die Bank.

b) Der Buchungssatz lautet:

Bank	an	Spendenertrag

c) Die Buchungssätze stellen sich wie folgt dar:

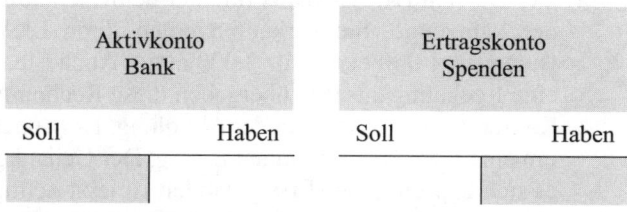

Aktivkonto Bank		Ertragskonto Spenden	
Soll	Haben	Soll	Haben

d) Von diesem Vorgang ist die Bilanz und die GuV betroffen. Die Bankguthaben erhöhen sich und damit das Umlaufvermögen in der Bilanz. In der GuV wachsen die Erträge in Form der Spendenerträge an.

12. Fahrzeugverkauf

a) Die WfBM verkauft einen Ihrer LKW zum Buchwert von 1.000 EURO. Sie stellt dazu eine Ausgangsrechnung über diesen Betrag an die Privatperson aus, die den LKW abholt. Es handelt sich um eine *Einnahme*. Der Gedanke, dass es sich hier um einen Ertrag handelt ist nicht richtig. Das alte Fahrzeug wird zum selben Wert verkauft wie der Restbuchwert angesetzt ist. Das heißt bei dieser Buchung handelt es sich um einen Tausch von einem Fahrzeug gegen Geld. Da die liquiden Mittel jedoch noch nicht eingegangen sind und die Organisation eine Rechnung gestellt hat, wird die Forderung so lange als Offener-Posten geführt, bis die Rechnung beglichen ist. Bei der Bezahlung der Rechnung handelt es sich dann um eine Einzahlung.

b) Der Buchungssatz lautet:

Forderungen	an	Fuhrpark

c) Die Buchungssätze stellen sich wie folgt dar:

Aktivkonto Forderungen		Aktivkonto Fuhrpark	
Soll	Haben	Soll	Haben

d) Von diesem Vorgang ist die Bilanz betroffen. Die Gewinn- und Verlustrechnung ist von diesem Vorgang nicht betroffen. Es handelt sich hier um einen klassischen Aktiv-Tausch. Fahrzeug gegen Forderung. Das Konto Fuhrpark nimmt ab, Die Forderungen nehmen im Soll zu.

13. **Fahrzeugverkauf über (Rest-)Buchwert**

a) Der Bereich EaR ist etwas findiger beim Verkaufen seiner Fahrzeuge. Sie verkaufen einen Ihren LKW mit Buchwert 1.000 EURO, für 2.000 EURO. Auch Sie stellen eine Rechnung aus und übergeben diese Rechnung dem Käufer des Fahrzeugs bei der Abholung. Es handelt sich um eine *Einnahme* und einen *Ertrag*. Der Gedanke, dass es sich hier um einen Ertrag handelt ist jetzt richtig. Der Verkaufspreis ist höher als sein Restbuchwert. Das heißt auch bei dieser Buchung handelt es sich um einen Tausch von Fahrzeug gegen Geld, jedoch bleibt der Einrichtung ein Ertrag aus diesem Verkauf. Auch hier sind die liquiden Mittel noch nicht eingegangen. Die Organisation hat eine Rechnung gestellt, aus diesem Grund wird die Forderung so lange als *Offener-Posten* in der so genannten OP (Offene Posten)-Liste geführt, bis die Rechnung beglichen ist. Bei der Bezahlung der Rechnung handelt es sich dann um eine Einzahlung. Eine Leistung ist dieser Vorgang nicht. Umgangssprachlich konnte man von einer stolzen Leistung sprechen, dass die entsprechenden MitarbeiterInnen es geschafft haben für dieses alte Fahrzeug so viel zu erzielen, kosten- und leistungsrechnerisch jedoch nicht. Es gehört ganz sicher nicht zum Betriebszweck des Bereiches EaR-Autos zu verkaufen.

b) Der Buchungssatz lautet:

Forderungen	an	Fuhrpark
	an	Ertrag aus dem Verkauf von Anlagegütern

c) Die Buchungssätze stellen sich wie folgt dar:

Aktivkonto Forderungen		Aktivkonto Fuhrpark	
Soll	Haben	Soll	Haben

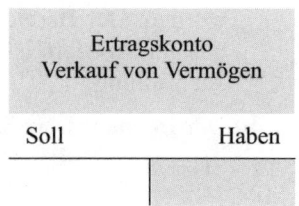

Ertragskonto
Verkauf von Vermögen

Soll	Haben

d) Von diesem Vorgang ist die Bilanz und die GuV betroffen. Der Verkauf des Fahrzeugs wird unter der Bilanzposition Anlagevermögen erfasst. Die Forderungen im Umlaufvermögen wachsen durch diesen Verkauf an. Ferner ist die GuV betroffen indem im außerordentlichen Ertragsbereich die Erträge aus dem Verkauf von Anlagevermögen zunehmen.

14. Geldeingang aus LKW-Verkauf

a) Der ausstehende Betrag für den verkauften LKW geht auf dem Bankkonto ein. Es handelt sich um einen Einzahlung. Die Organisation hatte eine Rechnung gestellt und diese als Forderung gebucht. Die steht bis zum Ausgleich in der OP-Liste als Offener-Posten. Jetzt wird die Rechnung beglichen. Bei der Bezahlung der Rechnung handelt es sich um eine Einzahlung.

b) Der Buchungssatz lautet:

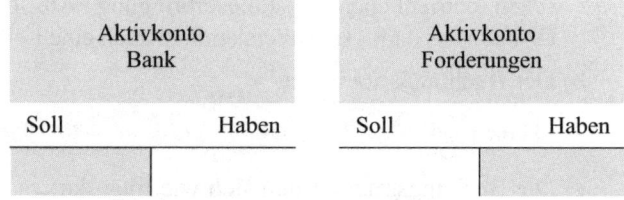

Bank	an	Forderungen

c) Die Buchungssätze stellen sich wie folgt dar:

Aktivkonto Bank		Aktivkonto Forderungen	
Soll	Haben	Soll	Haben

d) Von diesem Vorgang ist die Bilanz betroffen. Es handelt sich um einen Aktiv-Tausch. Die Bank nimmt im Soll zu. Die Forderungen nehmen im Haben ab.

15. Fahrzeugkauf PKW

a) Der Bereich Essen auf Rädern kauft einen neuen PKW und erhält bei der Abholung eine Rechnung über den Kaufpreis. Es handelt sich um eine Ausgabe. Dieser Vorgang stellt keinen Aufwand dar. Die Aufwandsbuchung erfolgt erst wenn die Abschreibung gebucht wird. Erst dann wird der betriebliche Werteverzehr erfasst. Das Konto Verbindlichkeit ist im Haben gebucht worden. Der Bereich Essen auf Rädern hat noch nicht bezahlt. Insofern ist es zu diesem Zeitpunkt auch keine Auszahlung

b) Der Buchungssatz lautet:

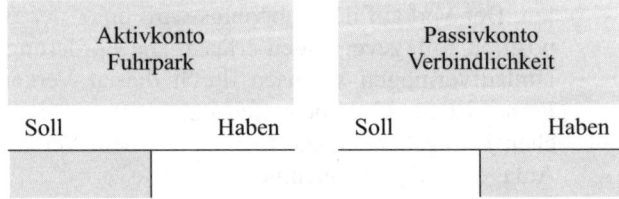

Fuhrpark	an	Verbindlichkeiten

c) Die Buchungssätze stellen sich wie folgt dar:

Aktivkonto Fuhrpark		Passivkonto Verbindlichkeit	
Soll	Haben	Soll	Haben

d) Von diesem Vorgang ist ausschließlich die Bilanz betroffen. Es handelt sich hier um eine Aktiv-Passivmehrung. Sowohl die Aktiv-Seite der Bilanz nimmt zu. Das Anlagevermögen wächst durch den Fahrzeugkauf. Auch die Passivseite nimmt in Form der kurzfristigen Verbindlichkeiten zu.

16. Rechnungsstellung für die Leistungen WuB

a) Die Zentralen Dienste stellen die Rechnungen für die Unterbringung der Menschen mit Behinderungen im WuB an den zuständigen Leistungsträger. Es handelt sich um eine *Einnahme*, einen *Ertrag* und eine *Leistung*. Dieser Vorgang gehört für den Wohnbereich zur klassischen betrieblichen Leistungserbringung. Aus diesem Grund ist es damit selbstverständlich auch eine Leistung.

b) Der Buchungssatz lautet:

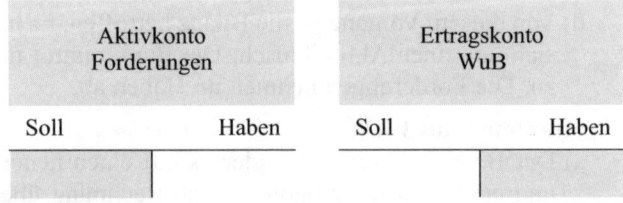

Forderungen	an	Erträge

c) Die Buchungssätze stellen sich wie folgt dar:

Aktivkonto Forderungen		Ertragskonto WuB	
Soll	Haben	Soll	Haben

d) Von diesem Vorgang ist die Bilanz und die GuV betroffen. Die Forderungen im Bereich des Umlaufvermögens nehmen zu. Ebenso wachsen die betrieblichen Erträge in Form der Leistungsentgelte: Ertragskonto WuB an.

2.3 Ein Interaktives Gespräch zu den acht Schlüsselbegriffen

Integratives Projekt mit Kindern und alten Menschen: Hans Schaufel im Altenpflegeheim St. Teresa in Herbrechtingen

Beispiel: Aufbau eines integrativen Projekts für Kinder und alte Menschen und Ermittlung der Kosten und Leistungen

Das folgende Beispiel soll aufzeigen, was sich hinter den Begriffen konkret verbirgt. Am Beispiel eines Aufbaus eines kleinen aber fachlich versierten integrativen Projekts mit Kindern und alten Menschen sollen konkret die Kosten und Leistungen dieses Projekts ermittelt werden. Die so ermittelten Werte stellen die Planzahlen dieses Projektes oder aber den Wirtschaftsplan für diesen Teilbereich der Altenpflegeeinrichtung Haus St. Teresa in Herbrechtingen dar.

Bevor wir in das Gespräch im Rahmen einer eigens dafür angesetzten Besprechung einsteigen, soll der dahinterstehende Träger dieses Hauses geschildert werden und die handelnden Personen aufgelistet werden.

Die dahinterstehende Trägerorganisation
Es handelt sich hier um einen großen Komplexträger in einer der Landeshauptstädte in unserem Land. Dieser Träger hat in ganz Deutschland Altenpflegeeinrichtungen mit unterschiedlichen Angebotsformen im vollstationären, teilstationären und ambulanten Bereich. Das Bilanzvolumen dieser Organisation beläuft sich auf 400 Mio EURO. Die GuV hat ein Volumen von rund 500 Mio EURO. Der Durchschnitt der Pflegeplätze der vollstationären Einrichtungen liegt bei 100 Plätzen je Einrichtung. Der Träger hat insgesamt über 5.000 Mitarbeiter angestellt.

Die handelnden Personen		
Name	*Beruf*	*Funktion*
Renate Betreumich	Sozialpädagogin, IHK Betriebswirtin	Soziale Betreuung
Haribert Seelig	Theologe und Psychologe	Seelsorgerische Begleitung
Petra Baum	Erzieherin und Fachwirtin für Führung und Organisation	Honorarkraft

Sitzung und Gespräch zur Planung und zur Ermittlung der Kosten und Leistungen des Projektes

Gesprächsprotokoll vom 22.06.2004
Anwesende: Renate Betreumich, Haribert Seelig, Petra Baum
Ort: Sitzungsraum Haus St. Teresa im Foyer

Haribert: Ich begrüße euch beide zu dieser Sitzung. Als verantwortlicher Projektleiter freue ich mich, dass wir jetzt konkret in die Planung dieses Projektes einsteigen können. Ganz besonders glücklich bin ich darüber, dass Petra Baum sich zur Übernahme dieser Aufgabe bereit erklärt hat, da ich sie sowohl als Fachfrau als auch als betriebswirtschaftlich geschulte Person kenne. Ich selbst habe ja mit der Betriebswirtschaft nicht so viel am Hut.

Petra: Danke für die Blumen. Ich hoffe, ich werde deinen Erwartungen gerecht. Lass uns einfach mal anfangen.

Haribert: Ja ja ich liebe diese Strukturiertheit, aber zurück zum Thema. Rein fachlich kann ich mir viele Punkte dieses Projekts sehr gut vorstellen und habe auch einige Ideen, die ich mit euch besprechen will. Vom kostenrechnerischen Aspekt erschließt sich mir die heutige Aufgabenstellung allerdings nicht wirklich. Ich gestehe, ich habe hier so meine emotionalen Barrieren implantiert. Ich hoffe aber, da ich um eure Zusatzqualifikationen weiß, dass wir auch diese Aufgabe zur Zufriedenheit unseres Controlling lösen werden, sodass wir einen schönen Wirtschaftsplan für dieses Projekt abliefern, der die Auszahlungen und Unkosten aufzeigt.

Renate: Lieber Haribert, ich muss hier leider kurz eine protokollarische Berichtigung anbringen. Wir sollen leider weder die Auszahlungen noch auf keinen Fall die Unkosten auflisten. Es geht eher darum die Kosten und Leistungen dieses Projekts aufzulisten. Das ist ein wesentlicher Unterschied!

Petra: Ja genau, darauf kommen wir ja auch gleich. Ich habe hier einmal übersichtlich die Punkte aufgezeigt, die mir bis jetzt bekannt sind. Ich verteile euch vielleicht gerade dieses Blatt.

Wie sieht die Projektskizze aus?

Sie verteilt das folgende Blatt an die Anwesenden:

Abb. 17: Projektskizze Integratives Projekt

Integrativen Projekt Kinder und Alte Menschen: *Hans Schaufel im Altenpflegeheim St. Teresa in Herbrechtingen*	
Ziel	Schaffung und Durchführung integrativer Angebote für Kinder und alte Menschen
Angebotsformen	Im Wesentlichen ist zunächst die folgende Maßnahme geplant:

68

	• Vorbereitung und Durchführung einer Stunde Sing- und Spielstunde mit fundiertem pädagogischem Konzept. • Teilnehmer dabei sind sieben HeimbewohnerInnen aus der Altenpflegeeinrichtung sowie sieben – maximal zehn Kinder aus dem räumlich angrenzenden Kindergarten.
Verantwortlich für die Durchführung:	Petra Baum: Erzieherin und Fachwirtin für Führung und Organisation
Ausgangslage:	Hans Schaufele hat der Organisation 100.000 EURO in Form von Bargeld vermacht. Dieses Geld hat er zweckbestimmt für oben genanntes Projekt dem Träger der stationären Altenpflegeeinrichtung vererbt. Das Kapital muss langfristig diesem Zweck dienen und darf nicht verbraucht werden. Lediglich die aus der Geldanlage resultierenden Zinsen dürfen einer jährlichen Verwendung für oben bezeichneten Zweck zufließen.
Zur Verfügung stehendes Kapital	Das Kapital wird in Form einer Geldanlage angelegt. Hier festverzinsliches Wertpapier in Höhe von 100.000 EURO. Dieses Wertpapier ist für die nächsten 10 Jahre zu 5 Prozent angelegt. Die daraus resultierenden Zinsen werden in voller Höhe dem Projekt zur Verfügung gestellt.Zinserträge 5.000 EURO p.A. (per Anno)
Kosten und Leistungssituation	Die Leistungen (Zinserträge) dieser Maßnahme sind bekannt und können für die nächsten 10 Jahre fest eingeplant werden. Die Kosten der Maßnahme müssen für jedes Jahr ermittelt werden und transparent aufgelistet werden. Es ist in diesem Zusammenhang ein Wirtschaftsplan zu erstellen. Die Geschäftsführung dieser Einrichtung Haus St. Teresa in Herbrechtingen muss den Wirtschaftsteilplan für diese Maßnahme abzeichnen und die laufende Soll-Ist-Vergleiche gewährleisten.

Petra: Wie ihr seht, sind eigentlich die fachlichen Themen so weit klar. Wir müssten uns jetzt darauf verständigen, welche Kosten im Zuge der Durchführung der Maßnahme in einem Jahr entstehen können.

Haribert: Ich kann mir nicht vorstellen, was daran so kompliziert sein soll. Wir haben 5.000 EURO jeden Monat und die können wir auch verbrauchen.

Petra: Also im Prinzip ist es auch einigermaßen einfach wenn wir sauber zwischen Auszahlungen, Ausgaben, Aufwendungen und Kosten unterscheiden. Haribert du solltest doch eine Liste vorbereiten, die über alle liquiden Mittelabflüsse eines Jahres, die wir berücksichtigen müssten, informiert. Wir müssten dann nur noch entscheiden, ob und in welcher Höhe es auch Kosten sind

Haribert: Stimmt. Hier ist die Liste!

Haribert verteilt die folgende Liste:

„Aufwand??"	*EURO je Angebot*	*je Monat*	*je Jahr*
Honorar	50,00	200,00	2.400,00
Klavierkauf (einmalig)	4.000,00	4.000,00	4.000,00
Miete	0,00	0,00	0,00
Strom	0,00	0,00	0,00
Heizung	0,00	0,00	0,00
Materialien	10,00	40,00	480,00
Fahrkostenersatz	3,00*	12,00	144,00
Verwaltungspauschale	0,00	0,00	0,00
Sonstiges	0,00	0,00	0,00
			* 10 km Pkw je 0,30 EURO

Unterschiede zwischen Auszahlungen, Ausgaben, Aufwendungen und Kosten

Petra: Also ich schlage vor wir klassifizieren zunächst die Unterschiede zwischen Auszahlungen, Ausgaben und Aufwendungen und klären anschließend die Kosten und damit die Wirtschaftsplan-Frage.

Renate: Finde ich gut!

Haribert: Der erste Punkt ist das Honorar ich denke es handelt sich hier um eine Auszahlung. Ganz einfach! Zaster fließt ab!

Petra: Das ist so nicht richtig bzw. es kommt auf die Betrachtungsweise an. Wenn ich nach der Durchführung der Maßnahme eine Rechnung stelle, handelt es sich um einen Aufwand und um eine Ausgabe. Zunächst stellt dieser Vorgang noch keine Auszahlung dar. Die Buchhaltung bucht zunächst die Rechnung als Honoraraufwand und als Kreditor (Verbindlichkeiten): Petra Baum (Personenkonto der Nebenbuchhaltung) ein. Wenn die Buchhaltung die Rechnung dann bezahlt, handelt es sich um eine Auszahlung. Insofern hattest du Recht, denn immer wenn Zaster konkret abfließt ist es eine Auszahlung. Hier kannst du dir eine Eselsbrücke bauen. Zwischen dem Z in Zaster und dem Z bei der Auszahlung. Bei der Ausgabe fließt ja kein Zaster ab. Da wird ja lediglich die schuldrechtliche Verpflichtung erfasst. Gebucht wird der Zahlungsmittelabfluss auf der Bank und auf dem Nebenbuchhaltungskonto Petra Baum. Die Bank nimmt ab. Die Verbindlichkeit in der Nebenbuchhaltung wird ausgeglichen.

Renate: Petra, ich glaube wir überfordern unseren Haribert gerade ein wenig. Ich kann das für Haribert gerne kurz auch grafisch auf T-Konten aufzeichnen und auch buchungstechnisch mit Buchungssätzen verdeutlichen. Also:

1. *Rechnungseingang*
   Honoraraufwand an Verbindlichkeiten und anschließend

2. *Zahlungsausgleich*
   Verbindlichkeiten an Bank.

Bank		Verbindlichkeiten	
Soll	Haben	Soll	Haben
	2. 2.400,	2. 2.400,–	1. 2.400,–

Honoraraufwand	
Soll	Haben
1. 2.400,–	

Haribert: Ich finde das reichlich kompliziert, muss aber wohl so sein. Wenn ich repetitieren darf, so ist das also ein Aufwand. Wir können diesen Punkt in unsere Liste übernehmen und müssen anschließend dann noch die Kostenfrage klären!

Liste		
Art	*Aufwand in EURO p.A.*	*Kosten*
Honorar	2.400,–	ja oder nein?

Und weiter ...

Renate: Lieber Haribert, der Klavierkauf stellt ein schwierigeres Problem dar. Du hast die vollen Anschaffungskosten angesetzt. Ein Klavier ist jedoch ein Wirtschaftsgut des Anlagevermögens, das der Einrichtung auf Dauer dient und über mehrere Jahre genutzt werden kann. Es ist daher zwar richtig, dass wir im Jahr der Anschaffung diese Auszahlung als Liquidität vorhalten müssen, weil wir das Klavier bezahlen müssen, es stimmt aber nicht, dass wir für diesen Auszahlungsbetrag in unseren Wirtschaftsplan auch eine Aufwandsposition einstellen!

Haribert: Ich glaub das gar nicht. Mein ganz normaler Menschenverstand gebietet mir, hier keinen Unterschied zwischen Auszahlung und Aufwand zumachen. Das ist doch ein und dasselbe.

Petra: Hm, leider nicht, bzw. nein, wirklich nicht. Ich versuche es mal zusammenhängend aufzuzeigen. Wir bedienen uns übrigens bei Wirtschaftsgütern des Anlagevermögens zur Erfassung des Werteverzehrs der Abschreibung. Die Abschreibung stellt die Aufwandsposition dar, die im aktuellen Wirtschaftsjahr als Aufwand in der Buchhaltung eingebucht wird.

Kauf eines Klavieres und Abschreibung über die Jahre der Nutzung?

Ich verdeutliche dir mal kurz den Ablauf im Einzelnen beim *Kauf des Klavieres.*

1. *Rechnungseingang*

   Aktivkonto Klavier   an   Verbindlichkeiten Nebenbuchhaltungskonto Klavierlieferant

2. *Zahlungsausgleich*

   Verbindlichkeiten   an   Bank

3. *Buchung der Abschreibung*

   Aufwandskonto Abschreibung   an   Aktivkonto Klavier

Aktivkonto Bank		Passivkonto Verbindlichkeiten	
Soll	Haben	Soll	Haben
	2. 4.000,–	2. 4.000,–	1. 4.000,–

Aktivkonto Klavier		Aufwandskonto Abschreibung	
Soll	Haben	Soll	Haben
1. 4.000,–	3. 400,–	3. 400,–	

Wie ihr seht, habe ich für die Abschreibung eine zehnjährige Nutzungszeit angenommen, das müsste mit der Buchhaltung noch rückgekoppelt werden.[1] Ich habe daher die Anschaffungskosten in Höhe von 4.000 EURO genommen und durch die 10 Jahre geteilt. Als linearer Abschreibungsbetrag habe ich dann die 400 EURO pro Jahr erhalten.

Für die Belange unserer Aufstellung des Aufwands darf nur die Abschreibung berücksichtigt werden. Natürlich muss die Einrichtungsleitung die 4.000 EURO insgesamt auf der Bank haben um das Klavier zu zahlen.

Haribert: Gut, gut, ich streiche aus meiner Liste die 4.000 EURO und setze die 400 EURO an.

Haribert: Für Miete, Strom, Heizung und Verwaltungspauschale fallen keine „Ausgaben" an. Ich habe daher weil die Buchhaltung hier nichts verbucht auch nichts eingetragen.

---

1 Aus didaktischen Gründen wurden hier 10 Jahre Nutzungsdauer für die lineare Abschreibung angesetzt. Die tatsächlich steuerlich korrekte betriebsgewöhnliche Nutzungsdauer kann in der so genannten amtlichen AfA-Tabelle eingesehen werden.

Liste		
Art	Aufwand in EURO p.A.	Kosten
Honorar	2.400,–	ja oder nein?
Klavierabschreibung	400,–	ja oder nein?

Renate: Zunächst wäre zu klären um was es sich hierbei handelt. Nachdem wir hier die Räume und die Verwaltung unentgeltlich zur Verfügung stellen, gebe ich dir Recht es handelt sich hier um keine Auszahlung, Ausgabe und auch keinen Aufwand.

Petra: Ganz genau. Eine Auszahlung ist es nicht, da keine liquiden Mittel in Form von Bargeld aus der Kasse oder über Girokontoüberweisungen abfließen. Eine Ausgabe ist es ebenfalls nicht, da kein Vertrag abgeschlossen wurde aus dem sich eine schuldrechtliche Verpflichtung ergeben hat. Aufgrund dieses Vertrages würde dann die Rechnungsstellung erfolgen und anhand der Eingangsrechnung in der Buchhaltung des Projektes als Verbindlichkeit verbucht werden. Für die Buchhaltung unseres Trägers wäre es zunächst eine Forderung bzw. Einnahme und mit dieser Buchung ein Ertrag. Im Falle des Zahlungsausgleichs durch das Projekt wäre es eine Einzahlung. Ferner ist es wie du richtig gesagt hast für das Projekt kein Aufwand, da kein Werte- oder Dienstleistungsverzehr in einer Periode stattfindet, der buchungstechnisch seinen Niederschlag als Aufwandsposition findet. Die Buchhaltung bleibt hier frei von Zahlen.

Haribert: Wunderbar, dann haben wir jetzt *nur* noch die Positionen Materialien und Fahrtkosten. Ich habe hier a) für die Materialien pauschal geschätzt was anfallen könnte und b) für den Fahrtkostenersatz die tatsächlich anfallenden Kilometer mit den steuerfreien Kilometerpauschalen multipliziert. Beide Positionen sind doch Aufwand?

Renate: Super! Aufwand ist richtig. Ferner handelt es sich dabei zunächst um Ausgaben und einen Aufwand im Fall der Rechnungsstellung durch Petra und anschließend um eine Auszahlung. Die Auszahlung tritt jedoch erst ein wenn unser Träger für das Projekt die Bezahlung der Rechnung vornimmt.

Haribert: Für Sonstiges habe ich keinen Eintrag vorgenommen, dass würde ich dir überlassen, Petra. Wir könnten hier auch einfach die Zeile löschen und warten bis wir im nächsten Jahr Erfahrungswerte haben, um dann einen Aufwandsposten einzusetzen.

Petra: Bin einverstanden. Wenn ich es richtig sehe, ergibt sich für die Aufwandspositionen folgendes Bild:

Liste		
Art	Aufwand in EURO p.A.	Kosten
Honorar	2.400,00	ja oder nein?
Klavierabschreibung	400,00	ja oder nein?
Miete	0,00	ja oder nein?
Strom	0,00	ja oder nein?
Heizung	0,00	ja oder nein?
Materialien	480,00	ja oder nein?
Fahrkostenersatz	144,00	ja oder nein?
Verwaltungspauschale	0,00	ja oder nein?

Haribert: Gut dann müssen wir jetzt klären, welcher Aufwand für die Belange der Kosten- und Leistungsrechnung bzw. unseres Wirtschaftsplanes zu Kosten wird. Ich denke, dass wir die hier gefundene Liste so auch als Wirtschaftsplan ansetzen können. Es ergibt sich damit folgende Tabelle:

Liste		
Art	Aufwand in EURO p.A.	Kosten
Honorar	2.400,00	ja
Klavierabschreibung	400,00	ja
Miete	480,00	ja
Strom	144,00	ja

Renate: Da kann ich dir zustimmen!

Petra: Wenn ich mir diese Miste, Entschuldigung, ich meinte Liste so anschaue, kann ich eigentlich sagen, dass alle in EURO bewerteten Beträge die jetzt aufgelistet sind auch Kosten sind. Es handelt sich von meinem Honorar bis zum Fahrtkostenersatz um einen so genannten betrieblichen Aufwand oder auch Zweckaufwand. Das heißt dieser Aufwand ist betrieblich bedingt und damit handelt es sich auch um Kosten. Um es ganz genau zu sagen um Grundkosten!

Renate: Ich stimme mit dir voll und ganz überein.

Haribert: Das freut mich ausgesprochen, dass wir dieses Kapitel jetzt abschließen können und ich diese Zahlen als Planzahlen an die Verwaltung einreichen kann. Mal ganz ehrlich, meine Ambiguitätstoleranz wurde durch diese Diskussion trotz hohen empathischen Fähigkeiten auch auf eine harte Probe gestellt.

Petra: Ich muss dich leider enttäuschen. Wir sind noch nicht fertig. Wir sollten noch die Punkte ansprechen bei denen wir jetzt 0,00 EURO fixiert haben und zwar aus folgendem Grund. Aus finanzbuchhalterischer Sicht ist es sicher richtig keine Buchungen zu tätigen wenn z.B. keine Aufwendungen anfallen. In diesem Fall gibt es ja keine Belege in Form von Rechnungen die wir als Organisation erhalten haben. Wir sprechen in diesen Fällen von Eingangsrechnungen. Die Buchhaltung, die ja unser externes Rechnungswesen wiederspiegelt, dürfte hier auch nichts buchen, da sie keinen Beleg erhalten hat. Eine Regel in der Buchhaltung heißt ja auch: Keine Buchung ohne Beleg!

Haribert: Die Buchhaltung hat also alles richtig gemacht?

Renate: Die schon, würde jetzt allerdings für die Belange der Kosten- und Leistungsrechnung keine kognitive Leistung aufgebracht werden, würde sie ihrem Anspruch nicht gerecht werden. Es stellt sich daher die Frage: wie hoch sind die kalkulatorischen Kosten für Miete, Strom und Heizung?

Bei der *Miete* können wir es uns einfach machen. Es gibt ja einen ortsüblichen Mietspiegel. Ich habe die Daten daraus im Kopf. Dort heißt es, das ein Raum in dieser Lage ungefähr auf 5 EURO je qm kommt. Wir nutzen hier ja ca. 20 qm, d.h. 5 x 20 = 100 EURO im Monat. Nachdem das Projekt zunächst jeweils an einem Tag in der Woche eine Aktion vorsieht und ein Monat ungefähr immer vier Wochen hat, müssten wir bei hundert EURO von 20 Arbeitstagen ausgehen. D.h. wir dividieren die 100 EURO durch 20 und erhalten die Tagesmiete in Höhe von 4 EURO. Für den ganzen Monat ergibt sich von daher ein Betrag in Höhe von 20 EURO durch die Rechnung 4 x 5 = 20 EURO. Dies Kosten müssen wir ansetzen, da wir diese auch bezahlen müssten, wenn wir die Räumlichkeiten nicht gestellt bekommen würden.

Für *Strom* und *Heizung* ist es so, dass die Verbrauchsabrechnungen im Nachhinein gestellt werden. Insofern müssen wir uns im ersten Jahr auf Erfahrungswerte zugreifen. Ich schlage daher vor, dass wir für Strom und Heizung je 5 EURO ansetzen.

Liste Art	Aufwand in Euro p.A.	Kosten
Honorar	2.400,00	ja
Klavierabschreibung	400,00	ja
Miete (kalkulatorisch)	20,00	ja
Strom (kalkulatorisch)	5,00	ja
Heizung (kalkulatorisch)	5,00	ja
Materialien	480,00	ja
Fahrkostenersatz	144,00	ja

Haribert: Ich fürchte, nachdem ich eure Akribie jetzt bei den anderen Positionen erlebt habe, dass es mir nicht erspart bleibt, auch noch die Verwaltungspauschale als Kosten anzusetzen, auch wenn diese nicht berechnet wird?

Petra: Ganz genau!

Renate: Wobei ich denke, dass diese Position keine gesteigerten Schwierigkeiten auslöst bei ihrer Berechnung. Ich schlage vor wir setzen hier die Buchhaltungskosten an, die anfallen würden, wenn wir die Buchhaltung in Auftrag geben würden. Üblicherweise fallen dabei die Kosten für die zu buchenden Zeilen an. Eine Rechnung z.B. verursacht bei einer gemeinnützigen Einrichtung zwei Buchungszeilen. Oder anders ausgedrückt, eine Rechnung wird auf einem Soll und einem Haben-Konto gebucht.

Haribert: ... und warum soll das bei wirtschaftlichen Geschäftsbetrieben anders sein?

Petra: Das ist ganz einfach. Wenn ein Unternehmen zum Vorsteuerabzug berechtigt ist oder aber selbst Mehrwertsteuer an das Finanzamt abführen muss, besteht ein Buchungssatz z.B. bei einem Rechnungseingang aus drei Buchungszeilen.

Haribert: Ich will ja nicht nerven, aber kann mir das trotz meiner Ungeduld mit unserer Aufgabe fertig zu werden, mal jemand visualisiert verdeutlichen?

Petra: Für dich immer! In einer gemeinnützigen Organisation und um diese handelt es sich bei dem Projekt wird die Organisation zum Endverbraucher aus umsatzsteuerlichen Gesichtspunkten. D.h. sie bezahlt die Mehrwertsteuer. Buchungstechnisch heißt dies bei einer Rechnung die die Organisation bezahlen muss, dass zwei Konten betroffen sind. Ich mache dies graphisch deutlich an folgender Rechnung
Wir erhalten eine Rechnung für Büromaterial mit einem Zahlungsziel von 10 Tagen. Der Rechnungsbetrag beläuft sich auf 100 EURO Netto zuzüglich 16% Mehrwertsteuer. Der Bruttobetrag lautet 116 EURO.

Der Buchungssatz heißt:

Büromaterial	an	Verbindlichkeiten aus Lieferungen und Leistungen 116 EURO

Auf T-Konten stellt sich die Sachlage wie folgt dar:

Aufwandskonto Büromaterial		Passivkonto Verbindlichkeiten	
Soll	Haben	Soll	Haben
116.–			116.–

Wie ihr sehen könnt sind dabei zwei Konten betroffen und es entstehen zwei Buchungszeilen.

Und jetzt stelle ich die Buchungen dar für einen wirtschaftlichen Geschäftsbetrieb.

Wirtschaftlicher Geschäftsbetrieb und Vorsteuer?

In diesem Fall sind drei Konten betroffen und es entstehen drei Buchungszeilen.

Der Buchungssatz lautet hierbei:

Büromaterial	100 EURO und			
Vorsteuer	16 EURO	an	Verbindlichkeiten aus Lieferungen und Leistungen 116 EURO	

Auf T-Konten sieht die Sache wie folgt aus:

Aufwandskonto Büromaterial		Passivkonto Verbindlichkeiten	
Soll	Haben	Soll	Haben
100,–			116,–

Aktivkonto Vorsteuer	
Soll	Haben
16,–	

Haribert: Ich konnte so einigermaßen folgen, aber was hat das mit unserer Fragestellung zu tun??

Renate: Gute Frage. Ich glaube ich kann dir auf die Sprünge helfen. Wenn wir die Buchhaltung außer Haus vergeben würden, zahlen wir z.B. für jede Buchungszeile 50 Cent. Je mehr Buchungszeilen anfallen, desto teurer wird die Geschichte. Petra wollte nur verdeutlichen, dass in einem wirtschaftlichen Geschäftsbetrieb eine Buchungszeile aufgrund der Vorsteuer mehr anfällt. Ich glaube wir können jetzt ausrechnen wie hoch die Verwaltungspauschale ungefähr anzusetzen ist, wenn wir davon ausgehen, dass diese ausschließlich für die Buchhaltung anfällt.

Petra: Genau: Ich denke dass wir pro Monat nicht mehr als 10 Buchungssätze benötigen werden. Das heißt, dass uns bei deinem oben genannten Preis je Zeile ein Buchungssatz 1 EURO kostet. Das wären dann aufs Jahr gerechnet 120 EURO (10 x 1 x 12). Ich habe nebenher die Tabelle ergänzt und kann euch jetzt folgende Kalkulation oder auch Wirtschaftsplan für das erste Jahr vorlegen.

Kalkulation des Projektes und Wirtschaftsplan für das erste Wirtschaftsjahr?

Kalkulation des Projektes *„Wirtschaftsplan für das erste Wirtschaftsjahr"*		
Art	*Aufwand in EURO p.A.*	*Kosten*
Honorar	2.400,00	ja
Klavierabschreibung	400,00	ja
Miete (kalkulatorisch)	20,00	ja
Strom (kalkulatorisch)	5,00	ja
Heizung (kalkulatorisch)	5,00	ja
Materialien	480,00	ja
Fahrkostenersatz	144,00	ja
Verwaltungspauschale (kalkulatorisch)	120,00	ja

Haribert: Wunderbar, ich bin sehr zufrieden und bedanke mich für die fundierte und differenzierte Diskussion. Ich werde diese Planzahlen einreichen und um Verabschiedung durch den Vorstand bitten.

Unsere nächste Sitzung haben wir ja nächste Woche zum Thema Kostenartenrechnung. Das wird sicher auch wieder spannend und interessant. Allerdings glaube ich, dass ich mir vorher einen Beta-Blocker einwerfe. Kleiner Witz am Rande.

2.4 Praxisnutzen

Praxisnutzen

Welchen Praxisnutzen hat das Wissen um die in Kapitel 2 geschilderten Definitionen und bilanziellen Zusammenhänge der acht Schlüsselbegriffe der Kosten- und Leistungsrechnung?

Für die Darstellung des Praxisnutzens werden die in der Einführung benannten Gesichtspunkte: Planung, Steuerung und Informationsversorgung, Dokumentation der Prozesse und Instrumente sowie Qualifikation und Kommunikation beleuchtet. Für jeden dieser Punkte werden die Vorteile bzw. der Nutzen für die Praxis aufgezeigt.

Planung, Steuerung ...

Im Zusammenhang mit den zentralen Aufgaben der Kosten- und Leistungsrechnung im Sinne einer *Planung, Steuerung und Informationsversorgung* kommt den acht Schlüsselbegriffen eine zentrale Bedeutung zu. Ein einheitliches und eindeutiges Verständnis dieser Begriffe in der Nonprofit-Organisation muss gegeben sein. Nur so können diese Aufgaben adäquat durch die Budgetverantwortlichen und Sozialwirte wahrgenommen werden. Die Planung und Steuerung der einzelnen Verantwortungsbereiche erfordert die Kongruenz der Budget-, Dienst- und Fachverantwortung bei den Budgetverantwortlichen.

Eine sinnvolle Steuerung der in Geldeinheiten abgebildeten Vorgänge eines jeden Leistungs- und Verantwortungsberei-ches wird durch die Kenntnis dieser Begriffe möglich!

Wichtige Prozesse des Rechnungswesens sind z.B. die Verbuchung der Eingangs- und Ausgangsrechnungen. Beide Geschäftsvorfallarten führen zu Erträgen und Aufwendungen in der Gewinn- und Verlustrechnung. Den Kostenstellenverantwortlichen werden diese für Ihren jeweiligen Bereich über eine ausgefeilte Systematik im Rahmen der KLR als Kosten und Leistungen aufbereitet und bereitgestellt. Die Prozesse zur Verbuchung der Ausgangs- und Eingangsrechnungen müssen ebenso dokumentiert werden wie die Überleitung der Daten in die Kosten- und Leistungsrechnung. Dazu sind die Instrumente der Kosten- und Leistungsrechnung nötig (Umlageverfahren, Kostenstellenpläne ...). Wenn die Schlüsselbegriffe nicht definiert sind, können die Prozesse und Instrumente von Ihrer Funktionalität her nicht sachgemäß eingesetzt werden.

Dokumentation der Prozesse und Instrumente

Die Schlüsselbegriffe und Kernprozesse des Rechnungswesens müssen definiert sein. Die Fachverantwortlichen sollten ein gemeinsames Verständnis darüber haben, nur dann macht auch die Dokumentation der Prozesse des Rechnungswesen und seiner Instrumente einen Sinn.

Ausgangspunkt jedes didaktischen Konzepts zur Vermittlung des BWL-Stoffes in der NPO müssen die dargestellten acht Schlüsselbegriffe in der Kosten- und Leistungsrechnung sein. Sowohl für die Kommunikation aller darauf aufbauenden Prozesse: beispielsweise Wirtschaftsplanung und Jahresabschlüsse als auch für alle Instrumente der Kosten- und Leistungsrechnung (Kostenarten-, Kostenstellenrechnung ...) und des operativen Controlling (Berichtswesen, Budgetierung ...) ist ein Know-how über die Bedeutung dieser Begriffe unbedingt erforderlich.

Qualifikation und Kommunikation

Eine angemessene und gleichwertige Kommunikation der unterschiedlichen Berufsgruppen wird erreicht, wenn die Qualifikation und die Vermittlung des Know-how über die acht Schlüsselbegriffe in der Organisation institutionalisiert und sichergestellt ist.

3. Die Kostenarten

Das Kapitel *Kostenarten* hat vier Unterkapitel in welchem die folgenden zentralen Fragen beantwortet werden:

Didaktischer Fahrplan durch das Kapitel Kostenarten

Kostenarten	
Kapitelbezeichnung	*Zentrale Fragen dieses Kapitels*
Theorie und Praxis	• Nach welchen Grundsätzen wird die Kostenartenrechnung durchgeführt? • Zwei Möglichkeiten der Anwendung der Kostenartenrechnung? • Welche Prüf- und Kontrollmechanismen sind notwendig? • Kosten und Leistungen sind betriebsbedingt oder leistungsbezogen? • Welche Kalkulationszeiträume kommen in Frage? • Wie erfolgt die tabellarische und buchhalterische Abgrenzung der Kostenartenrechnung? • Wie sehen die Schritte der Kostenartenrechnung aus? • Welches sind die Grundsätze für die Erstellung eines Kostenartenplanes?
Praxisbeispiel Ambulanter Dienst: Sozialstation	• Wie wird die Kostenartenrechnung in einem ambulanten Dienst mit Hilfe einer Ergebnistabelle angewendet? • Wie stellen sich die Erträge und Aufwendungen in der Praxis dar? • Welche Erträge sind Leistungen, welche Aufwendungen sind Kosten? • Wie wird das Gesamtergebnis, das neutrale Ergebnis und das Betriebsergebnis ermittelt?
Ein Interaktives Gespräch zur Kostenartenrechnung *Komplexeinrichtung: Arnold Kerner gGmbH*	• Wie kann eine Kostenartenrechnung partizipativ in der Organisation aufgebaut werden? • Welche Vorgehensweise empfiehlt sich? • Welche Personen, Bereiche und Hierarchieebenen sind zu beteiligen? • Wie sieht ein Kontenplan aus?
Der Praxisnutzen	• Welchen Praxisnutzen haben Budgetverantwortliche von der Kenntnis über die Kostenartenrechnung?

Die Kostenartenrechnung beantwortet die Frage:

Welche Kosten sind angefallen?

Die Kostenartenrechnung erfüllt unterschiedliche und wichtige Aufgaben im Zusammenhang mit der Kommunikation der Ergebnisse der IST- und SOLL-Zahlen in jeder Nonprofit-Organisation. Sie stellt die erste Stufe der Kostenrechnung dar. Für die Budgetierung ist sie von zentraler Bedeutung.

Die Aufgaben der Kostenartenrechnung stellen sich wie folgt dar (vgl. Olfert, 2001, S. 81):

Die Aufgaben der Kostenartenrechnung nach Olfert
• Erfassung aller Kosten der Nonprofit-Organisation • Identifizierung und Darstellung der entsprechenden Kostenarten • Ermittlung ggf. Berechnung der Kostenbeträge aller Kostenarten • Information über die Zusammensetzung der Kosten • Gliederung nach ihrer Abhängigkeit auf • Beschäftigungsschwankungen in fixe und variable Kosten • Aufteilung in Einzel- und Gemeinkosten

Die für die Nonprofit-Organisation und die darin tätigen Budgetverantwortliche wichtigen Aufgaben der Kostenartenrechnung sollen im folgenden Text beschrieben werden. Insbesondere wird dabei zunächst auszugsweise die Theorie geschildert. Daneben soll über Beispiele und interaktive Gespräche aus der Sozialbranche ein praxisnaher Ansatz der Kostenartenrechnung beleuchtet werden.

3.1 Theorie und Praxis

Die drei folgenden Gesichtspunkte der Kostenartenrechnung sollen im anschließenden Text dargestellt werden:

• Die Grundsätze
• Die Begriffe
• Die Abgrenzung

Die Grundsätze

Für die Bearbeitung der Aufgaben der Kostenartenrechnung sind die folgenden Grundsätze zu beachten (vgl. Olfert, 2001, S. 81ff).

Die Kostenartenrechnung muss sein:

• geordnet und eindeutig
• vollständig
• klar und übersichtlich
• leistungsbezogen
• periodengerecht.

Geordnet und eindeutig

Die Erfassung der Kosten auf den Kostenarten soll geordnet sein. Dazu ist es notwendig, dass eine eindeutige Begriffsbestimmung der Kostenarten erfolgt ist, dass es einheitliche Kontierungsvorschriften und einen differenzierten Kostenartenplan gibt. Im Zusammenhang mit der Kontierung ist es von großer Bedeutung auf welche Weise die Kostenartenrechnung durchgeführt wird. Es werden dabei auf der Grundlage des Industriekontenrahmens (IKR) zwei Arten unterschieden: Die *tabellarische Durchführung* und die *buchhalterische Durchführung* der Kostenartenrechnung. Bei der tabellarischen Durchführung wird der Anteil der Aufwandskonten, der betrieblich bedingt ist, in einer so genannten Ergebnistabelle ermittelt. Die betreffenden Aufwandskonten werden bezeichnet und in die Kostenrechnung übernommen. Bei der buchhalterischen Anwendung werden die betrieblichen Aufwandskonten aus der Finanzbuchhaltung heraus in die Kostenartenrechnung überspielt und um die Zusatzkosten ergänzt (Olfert, S. 81). Bei dieser Vorgehensweise entsteht ein integriertes System bestehend aus der Finanzbuchhaltung und der Kostenartenrechnung. Über eine EDV-Schnittstelle werden die Daten der Finanzbuchhaltung in die Kosten- und Leistungsrechnung überspielt. In diesem Zusammenhang ist es notwendig, dass ein einrichtungsindividueller Kostenartenplan entwickelt wird. Bei einer großen Anzahl der Nonprofit-Organisationen werden in der Praxis die in der Finanzbuchhaltung eingerichteten Konten 1:1 für die Belange der Kostenartenrechnung verwendet.

Zwei Möglichkeiten der Anwendung der Kostenartenrechnung

Vollständigkeit

Alle Kosten, die zur Leistungserstellung oder zur Aufrechterhaltung der Leistungsbereitschaft beitragen, müssen in der Kostenartenrechnung erfasst werden. Es ist in diesem Zusammenhang sicherzustellen, dass in der Praxis der Nonprofit-Organisationen geeignete Prüf- und Kontrollmechanismen eingerichtet werden. Wird die Kostenartenrechnung buchhalterisch durchgeführt besteht eine Möglichkeit der Überprüfung, ob alle Kosten in die Kostenartenrechnung übergeleitet worden sind darin, dass die Summe der Aufwandskonten im betrieblichen Bereich mit der Summe der Grundkosten verglichen wird. Gibt es hier Differenzen kann der Kosten- und Leistungsrechner gezielt nach fehlenden Konten suchen. Es steht dann fest, dass Konten, die als Kostenarten in die Kostenartenrechnung überspielt werden hätten müssen, nicht übertragen worden sind. Eine gezielte Fehlersuche wird möglich.

Welche Prüf- und Kontrollmechanismen sind notwendig?

83

Klarheit und Übersichtlichkeit

Die Ergebnis-tabelle ist ein wesentliches Instrument der Kostenarten-rechnung

Die Kostenartenrechnung sollte klar und übersichtlich aufgebaut sein. Wird sie mit Hilfe einer Ergebnistabelle, also tabellarisch durchgeführt, sollten die Bereiche des Rechnungskreis I und des Rechnungskreis II klar voneinander getrennt sein. Der Rechnungskreis I spiegelt die Zahlen der Finanzbuchhaltung/Geschäftsbuchführung wieder, der Rechnungskreis II zeigt den Abgrenzungsbereich und den der Kosten- und Leistungsrechnung auf. Die folgenden Abbildung stellt ein Beispiel einer Ergebnistabelle dar.

Abb. 18: Ergebnistabelle in Anlehnung an Schmolke/Deitermann (1995, S. 237)

Rechnungskreis I							Rechnungskreis II	
Finanzbuchhaltung (FB)			Abgrenzungsbereich Neutrales Ergebnis				Kosten- und Leistungsrechnungsbereich	
Gewinn- und Verlustrechnung Gesamtergebnis			Unternehmensbezogene Abgrenzungen		Kostenrechnerische Korrekturen		Betriebsergebnis	
Konto Kostenart	Aufwand	Ertrag	Aufwand	Ertrag	Betrieblicher Aufwand laut	Betrieblicher Aufwand laut	Kosten	Leistungen

Leistungsbezogenheit

Kosten und Leistungen sind betriebsbedingt oder leistungsbezogen?

Der Grundsatz der Leistungsbezogenheit bedeutet, dass nur Kosten und Leistungen in der Kostenartenrechnung für die Kalkulationszwecke verwendet werden, die leistungsbezogen oder betriebsbedingt sind. Das heißt, in der Kostenartenrechnung dürften in Theorie und Praxis nur Kosten und Leistungen und nicht Aufwendungen oder Erträge berücksichtigt werden. In der Praxis der Nonprofit-Organisation sieht dies wie oben bereits aufgeführt häufig so aus, dass mit den Finanzbuchhaltungsdaten kalkuliert wird. Dabei werden die Konten als Kostenarten verwendet. Eine unternehmensbezogene Abgrenzung und kostenrechnerische Korrekturen (Zusatz- und Anderskosten) werden nicht vorgenommen. Die Einrichtung die so vorgeht, ist sich i.d.R. bewusst dass die für die Kalkulation verwendeten Daten Aufwendungen und Erträge darstellen und nicht Kosten und Leistungen sind.

Periodengerechtigkeit

Die Kostenartenrechnung erfasst die Kostenarten periodenbezogen. Fallen z.B. Mietzahlungen in eine andere Periode (Jahr, Quartal, Monat) werden sie herausgerechnet. Es werden nur die Kostenarten der entsprechenden Periode berücksichtigt.

Welche Kalkulationszeiträume kommen in Frage?

Die Begriffe

„Auf die folgenden Begriffe soll für die Zwecke der Kostenartenrechnung noch einmal eingegangen werden:

Abb. 19: Gliederung der Kosten für die Kostenartenrechnung

Grundkosten	Grundkosten	Grundkosten
Aufwandsgleiche Kosten	Kalkulatorische Kosten	

Aufwandsgleiche Kosten

Die Grundkosten entsprechen dem Teil des Aufwands, der auch Kosten darstellt. Man nennt diesen Teil des Aufwands auch Zweckaufwand. Im Gegensatz dazu gibt es den neutralen Aufwand, der aus der Finanzbuchhaltung nicht in die Kostenartenrechnung übernommen wird. Der neutrale Aufwand setzt sich aus dem betriebsfremden, dem außerordentlichen und dem periodenfremden Aufwand zusammen. Betriebsfremde Aufwendungen sind ohne Zusammenhang mit dem Betriebszweck entstanden („Spenden", Abschreibungen auf Finanzanlagen, Verluste aus dem Verkauf von Finanzanlagen). Außerordentliche Aufwendungen stehen zwar mit dem Betriebszweck im Einklang im Einklang fallen aber nur sporadisch an (Verkauf eines Dienstfahrzeugs unter dem Buchwert, Ausfall von Forderungen). Periodenfremde Aufwendungen treten dann auf, wenn Rechnungen zu spät in der Buchhaltung eingereicht werden und das Jahr bereits abgeschlossen ist. Sie werden dann nicht mehr auf dem jeweiligen Sachkonto gebucht, sondern als periodenfremder Aufwand. ...

Kalkulatorische Kosten

Beispiele für kalkulatorische Kosten sind:

- kalkulatorische Mieten
- kalkulatorische Zinsen und
- kalkulatorische Wagnisse
- kalkulatorische Abschreibungen

Kalkulatorische Mieten

Bezahlt beispielsweise eine soziale Unternehmung keine Miete für ihre Betriebsräume, oder eine deutlich unter dem ortsüblichen Mietspiegel liegende Miete, so kann sie ihre

Leistungen günstiger produzieren und anbieten, als andere soziale Unternehmungen bei denen dies nicht der Fall ist. Ein Betriebsvergleich mit anderen Einrichtungen, der diesen Umstand nicht berücksichtigt, würde zu verzerrten Ergebnissen führen, die keinerlei Aussagekraft für die betriebliche Praxis hätten. Damit die einzelnen Einrichtungen miteinander vergleichbar sind, kann z.B. eine kalkulatorische Miete angesetzt werden, die den ortsüblichen Mietpreis widerspiegelt. Zahlt die Einrichtung keine Miete handelt es sich in der Kostenartenrechnung um Zusatzkosten. Von Anderskosten würde man sprechen, wenn in der Realität niedrigere Mietpreise bezahlt würden.

Kalkulatorische Zinsen
Kalkulatorische Zinsen begegnen uns als Zusatz- und Anderskosten in der Kostenartenrechnung. Zusatzkosten sind es dann, wenn die soziale Unternehmung über ausreichend Eigenkapital verfügt, um ein Projekt oder eine Investition durchzuführen, für die Kalkulation jedoch marktübliche Fremdkapitalzinsen in die Kosten dafür einrechnet. Um Anderskosten handelt es sich, wenn die Einrichtung in der Finanzbuchhaltung ein zinsgünstiges Darlehen von ihrem Träger erhalten hat und dafür nur 3 Prozent Fremdkapitalzinsen pro Jahr bezahlen müsste. In der Kostenartenrechnung würden diese marktunüblichen Zinsen zu einer Verfälschung des Ergebnisses führen. Die Kalkulation müsste den niedrigeren Zinssatz durch entsprechende marktübliche Zinsen ersetzen, in diesem Fall handelt es sich um Anderskosten.

Kalkulatorische Wagnisse
Kalkulatorische Wagnisse beachten mögliche Verlustrisiken die aufgrund der Besonderheit der Leistungserstellung der sozialen Unternehmung auftreten können. Kommt es z.B. aufgrund der betrieblichen Produktion zu einem vorzeitigen Ausfall von Produktionsmaschinen, können Kosten für diese Wagnisse in die Kostenartenrechnung eingerechnet werden.

Weitere Beispiele für kalkulatorische Wagnisse sind Gewährleistungskosten, Feuer-, Sturm- und Wasserschädenkosten. In der Regel werden diese Aufwendungen in der Finanzbuchhaltung als neutraler Aufwand berücksichtigt. In der Kostenartenrechnung wird er zunächst jedoch nicht berücksichtigt, da es sich hierbei um außerordentliche Aufwendungen handelt, die nicht als Zweckaufwand eingebucht sind. Sie können jedoch mit durchschnittlichen

Wertansätzen auf der Basis kalkulatorischer Kosten in die Kostenartenrechnung aufgenommen werden.

Sind diese Risiken durch Versicherungen abgesichert, finden sie in der Kostenartenrechnung keine Beachtung.

Kalkulatorische Abschreibungen
Bei den Abschreibungen verhält es sich ähnlich. Mit Hilfe kalkulatorischer Abschreibungen kann der tatsächliche leistungsmäßige Werteverzehr der Anlagegüter erfasst werden. In der Finanzbuchhaltung werden Abschreibungssätze anhand der handelsrechtlichen und steuerrechtlichen Vorschriften gebucht. Die dabei angesetzte Nutzungsdauer kann mit der betriebsgewöhnlichen Nutzungsdauer in der jeweiligen sozialen Einrichtung auseinanderfallen. Neben dem Werteverzehr soll die Abschreibung jedoch die Refinanzierung des Anlagegutes sicherstellen. Stimmt die Nutzungsdauer laut Handel- und Steuerrecht mit der tatsächlich Nutzungsdauer in der sozialen Unternehmung nicht überein, ist diese Refinanzierung gefährdet. Aus diesem Grund ist es möglich, in der Kostenartenrechnung kalkulatorische Abschreibungen anzusetzen. Es können gestiegene Preise der Anlagegüter berücksichtigt werden, indem anstatt der Anschaffungskosten die Wiederbeschaffungskosten angesetzt werden, es kann aber auch die tatsächliche Nutzungsdauer eingesetzt werden oder es kann ein anderes Abschreibungsverfahren (linear, leistungsbezogen, degressiv) verwendet werden." (Bachert, Lerneinheit 2, 2003, S. 7-10).

Die Abgrenzung

Unter Abgrenzung im Zusammenhang mit der Kostenartenrechnung wird der Übernahmevorgang der Aufwendungen auf Grundlage der Finanzbuchhaltung/Geschäftsbuchhaltung verstanden.

Wie erfolgt die tabellarische und buchhalterische Abgrenzung der Kostenartenrechnung?

„Die Kostenartenrechnung übernimmt – als Teil der Betriebsbuchhaltung – Aufwendungen aus der Geschäftsbuchhaltung als Kosten. Wie bereits gezeigt wurde, entsprechen die in der Geschäftsbuchhaltung erfassten Aufwendungen vielfach nicht dem, was in der Betriebsbuchhaltung als Kosten bezeichnet wird" (Olfert, 2001, S. 83).

Die Schritte der Übernahme sollen für den Bereich der tabellarischen und buchhalterischen Durchführung der Kosten- und Leistungsrechnung im folgenden Text beschrieben werden. Unabhängig davon für welche Form der Durchführung die

Wie sehen die Schritte der Kostenartenrechnung aus?

Kostenartenrechnung sich entscheidet, gilt grundlegend die Abgrenzung nach der folgenden Tabelle.

Abb. 20: Konto und Kostenarten

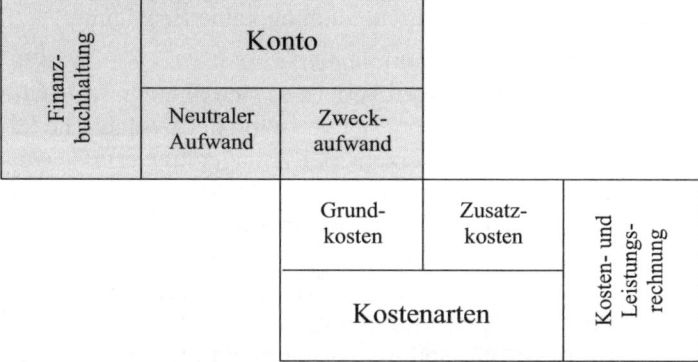

Das Konto als Begriff der Finanzbuchhaltung erfasst sowohl den neutralen Aufwand als auch den so genannten Zweckaufwand oder betrieblichen Aufwand. Die Kosten- und Leistungsrechnung dagegen übernimmt lediglich den Zweckaufwand. Dieser wird in der Kosten- und Leistungsrechnung zu Grundkosten. Die Kostenarten spiegeln die Grundkosten und zusätzlich die Zusatzkosten wider.

Die Abgrenzung bei der Tabellarischen Durchführung
Die drei Schritte der Abgrenzung nach Olfert stellen sich wie folgt dar (Olfert, 2001, S. 84):

Abb. 21: Die Schritte der Kostenartenrechnung nach Olfert

1. Schritt	• Zunächst werden alle Aufwendungen und Erträge in die Spalten des Erfolgsbereiches (Rechnungskreis I) der Tabelle eingetragen. • Das Ergebnis in diesem Bereich entspricht dem Gesamtergebnis der Gewinn- und Verlustrechnung.
2. Schritt	• Im Anschluss an die Übernahme aller Salden der Erfolgskonten aus der Geschäftsbuchführung erfolgt die Abgrenzung in den Spalten des Rechnungskreises II der Tabelle. • Die betrieblich bedingten Aufwendungen und Erträge werden als Kosten (...) und Leistungen (...) in den Kosten- und Leistungsbereich (KLR-Bereich) übertragen. • Die nicht mit der betrieblichen Leistungserstellung zusammenhängenden Aufwendungen (...) werden als unternehmensbezogene Aufwendungen und Erträge abgegrenzt.
3. Schritt	• Schließlich erfolgen die kostenrechnerischen Korrekturen. ...

Der Zusammenhang der Schritte mit den unterschiedlichen Ergebnisgrößen der Nonprofit-Organisation stellt sich folgendermaßen dar: Schritt 1 ermittelt das Gesamtergebnis der Organisation. Schritt 2 und Schritt 3 geben das Neutrale Ergebnis wider. Das Ergebnis der Anwendung dieser Schritte spiegelt sich im Betriebsergebnis wider.

Die im Folgenden abgebildete Ergebnistabelle verdeutlicht die drei Schritte beispielhaft und zeigt das Betriebsergebnis auf.

Abb. 22: Beispiel zu Konten und Kostenarten, Sozialstation

Beispiel: Sozialstation zum Heiligen St. Kostarius, Aufwand und Kosten

Rechnungskreis I							Rechnungskreis II	
Finanzbuchhaltung (FB) GuV Gesamtergebnis			Abgrenzungsbereich Neutrales Ergebnis				Kosten- und Leistungsberechnungsbereich Betriebsergebnis	
			Unternehmensbezogene Abgrenzungen		Kostenrechnerische Korrekturen			
Konto Kostenart	Aufwand	Ertrag	Aufwand	Ertrag	Betriebl. Aufwand lt. FB	Verrechn. Kosten lt. K & LR	Kosten	Leistungen
Pflege		1.125						1.125
Miete		8		8				
Löhne & Gehälter	800						800	
Sozial-abgaben	185						185	
Sonstige P-Kosten	2						2	
Lebens-mittel	40						40	
Wirt. & Ver.Bedarf	70						70	
Med. & Pfl.Bedarf	9						9	
Zinsen	8				8	10	10	
Steuern ...	10						10	
Mieten	1				1	8	8	
Abschrei-bungen	1				1	3	3	
Neutrale Aufwend.	7		7					
	1.133	1.133	7	8	10	21	1.137	1.125
	Gesamtergebnis ± 0		Neutrales Ergebnis $(10-21)+(7-8)=-12$				Betriebsergebnis -12	

Auf diese Ergebnistabelle wird nicht näher eingegangen. In Kapitel 3.2 wird ein Praxis-Beispiel zur Ergebnistabelle dargestellt und erläutert.

Die Abgrenzung bei der buchhalterischen Durchführung

Ein Kostenartenplan auf der Basis des Industriekontenplanes (IKR) stellt sich wie folgt dar. Vorab soll ein Hinweis zum besseren Verständnis der folgenden Tabelle gegeben werden: Die

Nummern in der linken Spalte: *Rechnungskreis I Finanzbuch-haltung* geben die Kontonummer des betreffenden Kontos an. Im Anschluss daran folgt die Kontobezeichnung. Die Nummern in der rechten Spalte: *Rechnungskreis II Betriebsbuch-haltung* geben die Kostenartennummer an. Dahinter steht die Bezeichnung der Kostenart.

Abb. 23: IKR-Kostenplan nach Olfert (2001, S. 82)

IKR-Kostenartenplan		
Rechnungskreis I *Finanzbuchhaltung*	*Rechnungskreis II* *Betriebsbuchhaltung*	
600 Fertigungsaufwand	9200	Fertigungsmaterial
	9290	Sondereinzelkosten der Fertigung
602 Hilfsstoffaufwand	9210	Gemeinkostenmmaterial
603 Betriebsstoffe	9220	Betriebsstoffe
	9221	Verbrauchswerkzeuge
604 Energie	9222	Brenn- und Treibstoffe
	9223	Strom, Gas, Wasser
606 Reparaturmaterial und Fremdinstandhaltung	9224	Reparaturmaterial
	9225	Fremdinstandhaltung
	9290	Sondereinzelkosten der Fertigung
620 Löhne	9231	Fertigungslöhne
	9232	Hilfslöhne
	9233	Vergütungen an gewerb-liche Auszubildende
630 Gehälter	9239	Gehälter
640 Arbeitgeberanteil zur Sozialversicherung	9240	Sozialkosten
642 Beiträge zur Berufsge-nossenschaft		
643 Beiträge zum Pensions-versicherungsverein		
649 Beihilfen und Unterstüt-zungsleistungen		
652 Abschreibungen	9250	Kalkulatorische Abschrei-bungen
670 Mieten, Pachten	9251	Kalkulatorische Mieten
680 Büromaterial	9260	Büromaterial und Drucksachen
695 Verluste aus Wertminde-rungen von Gegenständen des Umlaufvermögens		
696 Verluste aus dem Abgang von Vermögensgegen-ständen	9270	Kalkulatorische Wagnisse
	...	
usw. entsprechend den individuellen Bedürfnissen des Unternehmens		

Auf der Grundlage der obigen Tabelle können die folgenden Grundsätze für die Erstellung und Anwendung eines Kostenartenplanes aufgestellt werden.

Welches sind die Grundsätze für die Erstellung eines Kostenartenplanes?

Abb. 24: Grundsätze für den Kostenartenplan

Grundsätze für die Erstellung eines Kostenartenplanes in Industrie und Wirtschaft auf Grundlage des IKR
• Konten und Kostenarten im Industriekontenrahmen (IKR-)Kostenartenplan können teilweise unterschiedliche aber auch identische Bezeichnungen aufweisen.   • Die Konten können differenzierter aufgeschlüsselt und untergliedert sein als die Kostenarten (dieser Grundsatz gilt umgekehrt ebenso).   • Die Konten stellen die Aufwendungen dar.   • Die Kostenarten weisen die Kosten aus.   • Entsprechend den individuellen Bedürfnissen der Unternehmung kann der Konten und Kostenartenplan weitergehend untergliedert werden.   • Durch die Anwendung des IKR-Kostenartenplan kommt es bezüglich der Nummerierungen, der Bezeichnung und der Untergliederung zu einer weitgehenden Standardisierung bezüglich Konten und Kostenarten.

Fazit für den Bereich der Nonprofit-Organisation
Im Bereich der Nonprofit-Organisationen treffen wir viele unterschiedliche Kontenpläne an. Diese unterscheiden sich oftmals aufgrund der Zugehörigkeit zu

• einer bestimmten Branche z.B. Altenpflege, Jugendhilfe, Wohnungslosenhilfe etc. oder
• einem Spitzenverband der freien Wohlfahrtspflege: Diakonie, Caritas, AWO, DPWV ...

Seltener werden in diesen Kontenplänen Vorgaben für eine Kostenartengliederung gemacht. Grundlegend gelten auch für die Sozialbranche dieselben Grundsätze für die Erstellung eines Kostenartenplanes wie in Industrie und Wirtschaft. Auf jeden Fall sollte jede Nonprofit-Organisationen einen einrichtungsindividuellen Kostenartenplan erstellen und anwenden. Dieser bildet einen wesentlichen Bestandteil für das Berichtswesen und ist damit die Grundlage für die Kommunikation der Budgetzahlen mit den Kostenstellenverantwortlichen oder auch Budgetverantwortlichen. Mit Hilfe der Kostenarten werden Soll-Ist-Vergleiche erstellt.

3.2 Praxisbeispiel ambulanter Dienst Sozialstation

Wie wird die Kostenarten- rechnung in einem ambu- lanten Dienst mit Hilfe einer Ergebnistabelle angewendet?

Im folgenden Beispiel wird das Betriebsergebnis über das Ge- samtergebnis und das neutrale Ergebnis in einer Ergebnista- belle hergeleitet. Zunächst wird die Ergebnistabelle dargestellt und im Anschluss daran erläutert (vgl. Bachert, Lerneinheit 2, 2003, S. 18-23).

Ausgehend von der Gesamtjahresübersicht der Kontenbuchun- gen in der Finanzbuchhaltung (Aufwand und Ertrag) sollen die entsprechenden Überträge in die Kostenartenrechnung und die Anrechnung zusätzlicher oder anderer Kosten in der Kosten- und Leistungsrechnung erläutert werden. Es wird dabei aufge- zeigt, wie die Aufwendungen und Erträge eine Wandlung hin zu den Kosten und Leistungen erfahren. Der so genannte Ab- grenzungsbereich (neutrales Ergebnis) spielt besonders für die unternehmensbezogene Abgrenzung und die kostenrechneri- schen Korrekturen eine besondere Rolle.

Vorab soll auf die Bedeutung der Kostenartenrechnung hinge- wiesen werden. Unter den derzeitigen Produktions- und Leis- tungsbedingungen erwirtschaftet die Sozialstation ein ausge- glichenes Gesamtergebnis laut Finanzbuchhaltung. Die Kos- tenartenrechnung zeigt über die Ermittlung des neutralen Er- gebnisses und die Berechnung des Betriebsergebnisse jedoch verschiedene Probleme bei dieser Betrachtung auf. Die So- zialstation hat nach dieser Berechnung ein Defizit in Höhe von -13.000 EURO.

Es empfiehlt sich für jede Nonprofit-Organisation, die Daten der Finanzbuchhaltung einer grundlegenden Prüfung im Hin- blick auf die tatsächlichen Kosten und Leistungen zu unter- ziehen.

Die Spitzenverbände der Wohlfahrtspflege haben für ihre Mit- gliedseinrichtungen Handlungshilfen entwickelt. Für Sozial- stationen hat beispielsweise das Diakonische Werk Württem- berg eine Arbeitshilfe zur Kosten- und Leistungsrechnung ge- staltet, welche wertvolle Praxishinweise gibt (siehe auch Lite- raturverzeichnis, S. 164).

Die Ergebnistabelle stellt sich wie folgt dar:

Abb. 25: Die Ergebnistabelle (in Anlehnung an Bachert, Lerneinheit 2, 2003, S. 21)

Rechnungskreis I							Rechnungskreis II	
Finanzbuchhaltung (FB) GuV Gesamtergebnis			Abgrenzungsbereich Neutrales Ergebnis				Kosten- und Leistungsberechnungsbereich Betriebsergebnis	
			Unternehmensbezogene Abgrenzungen		Kostenrechnerische Korrekturen			
Konto Kostenart	Aufwand	Ertrag	Aufwand	Ertrag	Betriebl. Aufwand lt. FB	Verrechn. Kosten lt. K & LR	Kosten	Leistungen
Pflege		1.258						1.258
Miete		10		10				
Löhne & Gehälter	900						900	
Sozialabgaben	200						200	
Sonstige P-Kosten	4						4	
Lebensmittel	50						50	
Wirt. & Ver.Bedarf	70						70	
Med. & Pfl.Bedarf	10						10	
Zinsen	9				9	11	11	
Steuern ...	12						12	
Mieten	2				2	10	10	
Abschreibungen	2				2	4	4	
Neutrale Aufwend.	9		9					
	1.268	1.268	9	10	13	25	1.271	1.258
	Gesamtergebnis ± 0		Neutrales Ergebnis (13–25)+(9–10)=–13				Betriebsergebnis –13	

Alle Beträge sind in Tausend EURO dargestellt.

Das Gesamtergebnis laut Finanzbuchhaltung

Erträge

Die folgenden Erträge laut Finanzbuchhaltung wurden erwirtschaftet:

Wie stellen sich die Erträge und Aufwendungen in der Praxis dar?

Konto	Betrag in EURO
Pflegegelderträge	1.258.000,00
Mieterträge	10.000,00

Aufwendungen

Personalaufwand

Die folgenden Personalaufwendungen wurden auf den Konten dieser Sozialstation gebucht:

93

Konto	Betrag in EURO
Löhne und Gehälter	900.000,00
Sozialabgaben, Arbeitslosenversicherung	200.000,00
Sonstige Personalaufwendungen	4.000,00

Sachaufwendungen
Beim Sachaufwand waren es die folgenden Kontenbuchungen:

Konto	Betrag in EURO
Materialaufwand:	
Lebensmittelaufwand für Mittagstische	50.000,00
Wirtschafts- und Verwaltungsbedarf	70.000,00
Medizinischer und pflegerischer Bedarf	10.000,00
Sonstige Sachaufwendungen:	
Zinsen für Betriebsmittelkredite	9.000,00
Steuern, Abgaben und Versicherungen	12.000,00
Investitionsaufwendungen:	
Mieten an den Träger	2.000,00
Abschreibungen für die Betriebs- und Geschäftsausstattung	2.000,00
Neutrale Aufwendungen:	
Periodenfremden und außerordentlichen Aufwendungen	9.000,00

Für die Kostenartenrechnung ergibt sich folgendes Bild:

Welche Erträge sind Leistungen, welche Aufwendungen sind Kosten?

Leistungen
An Pflegeleistungen auf den Kostenarten fielen an:

Kostenart	Betrag in EURO
Pflegegeldleistungen	1.258.000,00

Die Mieterträge werden in der Kosten- und Leistungsrechnung nicht übernommen. Diese gehören nicht zu den Grundleistungen, da es nicht zum betrieblichen Aufgabenspektrum gehört, Räume gegen Entgelt zu vermieten.

Kosten
Personalkosten
Alle Personalkosten sind in dieser Sozialstation natürlich betriebsbedingt. Sie müssen in der Kostenartenrechnung berücksichtigt werden. Die folgende Tabelle der Kostenarten macht dies deutlich:

Kostenarten	Betrag in EURO
Löhne und Gehälter	900.000,00
Sozialabgaben, Arbeitslosenversicherung	200.000,00
Sonstige Personalaufwendungen	4.000,00

Sachkosten

Die Sachkosten sind detailliert darauf hin zu untersuchen, ob es sich bei ihnen um Kosten handelt oder nicht. Zunächst soll die Tabelle verdeutlichen, welche Aufwendungen übernommen worden sind und welche Kosten zusätzlich aufgenommen worden sind. Ferner wird deutlich wo es Unterschiede zwischen Aufwendungen und Kosten gibt und die Kosten mit einem anderen Betrag verrechnet werden (Anderskosten). Daran anschließend soll kurz eine Erklärung gegeben werden warum so vorgegangen worden ist.

Kostenarten	Betrag in EURO
Materialkosten:	
Lebensmittelaufwand für Mittagstische	50.000,00
Wirtschafts- und Verwaltungsbedarf	70.000,00
Medizinischer und pflegerischer Bedarf	10.000,00
Sonstige Sachkosten:	
Zinsen für Betriebsmittelkredite	11.000,00
Steuern, Abgaben und Versicherungen	12.000,00
Investitionskosten:	
Mieten an den Träger	10.000,00
Abschreibungen für die Betriebs- und Geschäftsausstattung	4.000,00

Es werden im folgenden Text nur die Positionen erläutert die einen abweichenden EURO-Betrag in der Kostenartenrechnung gegenüber der Finanzbuchhaltung aufweisen. Für alle anderen Aufwendungen gilt, dass sie Zweckaufwand = Grundkosten darstellen. Sie wurden 1 : 1 übertragen.

Die *Zinsen* laut Finanzbuchhaltung wurden für Betriebsmittelkredite in Höhe von 9.000 EURO gebucht. Sie sind an keinen marktüblichen Zinssatz gebunden. Hier hat der Träger der Sozialstation ein zinsverbilligtes Darlehen zur Verfügung gestellt. Ein marktübliches Darlehen würde 11.000 EURO an Zinsen nach sich ziehen.

Der *Mietaufwand* laut Finanzbuchhaltung wird an den Träger der Sozialstation abgeführt in Höhe von 2.000 EURO. Mit diesen 2.000 EURO liegt die Sozialstation weit unter den ortsüblichen Mietsätzen laut Mietspiegel. Für die Kostenartenrechnung müssen Anderskosten in Höhe von 10.000 EURO angesetzt werden. Diese sind dem Mietspiegel des Ortes übernommen.

Die *Abschreibungen* in der Finanzbuchhaltung für die Betriebs- und Geschäftsausstattung in Höhe von 2.000 EURO entsprechen den Abschreibungssätzen für die betriebsgewöhnliche Nutzungszeit eines Anlagegutes. In der tatsächlichen Nutzung der Anlagergüter der Sozialstation zeigt sich dass die betriebsgewöhnliche Nutzungsdauer viel niedriger liegt. Insofern ist ein höherer Abschreibungsbetrag in der Kostenartenrechnung in Höhe von 4.000 EURO anzusetzen. Dieser berücksichtigt, dass die Anlagegüter schneller verschleißen als in der Finanzbuchhaltung angenommen.

Die neutralen Aufwendungen dürfen in der Kostenartenrechnung nicht angesetzt werden.

Interpretation des Ergebnisses der Kostenartenrechnung

Wie werden Gesamtergebnis, neutrales Ergebnis und Betriebsergebnis ermittelt?

Die Zahlen aus der Finanzbuchhaltung

Die Zahlen aus der Finanzbuchhaltung weisen für die Sozialstation ein ausgeglichenes Betriebsergebnis aus. Jedoch sind in den Zahlen der Finanzbuchhaltung auch Erträge gebucht, die keine Leistungen darstellen, die nicht betriebsbedingt sind. Würden diese Erträge nicht mehr eingehen, entstehen auch in der Finanzbuchhaltung Verluste bezüglich des Gesamtergebnisses (vgl. Bachert, Lerneinheit 2, 2003, S. 22)

Interpretation der Kostenartenrechnung

Die Kostenartenrechnung verdeutlicht, dass die Sozialstation unter Bedingungen arbeitet, die es ihr ermöglicht, bei den Aufwendungen (Kosten) einzusparen. Werden tatsächlich anfallenden Kosten als kalkulatorische Kosten berücksichtigt, die bei marktüblichen Miet- und Zinssätzen anfallen würden und rechnet man die nicht betrieblichen Leistungen heraus, entsteht ein realistischeres Bild der Kosten- und Leistungslage der Sozialstation. Das Betriebsergebnis laut Kostenartenrechnung weist dann ein Defizit in Höhe von 13.000 EURO aus. Die Pflegegelderträge sind nicht ausreichend, um alle anfallenden und eingerechneten Kosten zu decken. Die Einrichtung könnte keine Zinsen für Kredite und Mieten zu marktüblichen Konditionen finanzieren. Die fakturierten Leistungsentgelte sind nicht kostendeckend. Es entsteht eine Finanzierungslücke (vgl. Bachert, Lerneinheit 2, 2003, S. 22).

Gesamtfazit

Die vorgestellte Sozialstation muss höhere Leistungsentgelte erzielen oder aber bei den Sachkosten einsparen. Ferner sind ggf. Organisatorische Maßnahmen zu ergreifen um die Ertragslage zu verbessern. Angedacht werden könnten ganz pauschal:

* Organisationsanalyse (Dienstpläne, Routenpläne)
* Diversifikation in neue Märkte mit neuen Produkten

- Marketingmaßnahmen
- Tag der offenen Tür

Generell kann gesagt werden, dass jede Organisation im Bereich der Nonprofit-Organisationen eine Kostenartenrechnung anwenden sollte und ihr Gesamtergebnis einer kritischen Prüfung im Hinblick auf Leistungsentgelte und Kosten unterziehen sollte.

3.3 Ein interaktives Gespräch zur Kostenartenrechnung. Komplexeinrichtung: Arnold Kerner gGmbH

Das folgende Gesprächsbeispiel findet im Rahmen eines Projekts zur Optimierung des Controlling in einer Komplexeinrichtung der Arnold Kerner gGmbH mit verschiedenen Leistungsbereichen in der Jugendhilfe, Behindertenhilfe und Altenpflege sowie Arbeitslosenhilfe statt.

Die Projektgruppe hat bereits einmal getagt und sich über die grundlegenden Ziele des Projekts verständigt. Die Ziele des Projekts stellen sich wie folgt dar:

Die Ziele

Kontenplan
Partizipative Entwicklung eines neuen Kontenplanes
- mit aussagekräftigen und verständlichen Beschreibungen
- die eine eindeutige Begriffsdefinition für die Konten liefern
- die als Grundlage für die Erstellung unserer Controlling-Berichte dienen
- die sowohl von den Fachleuten akzeptiert als auch von den
- Budgetverantwortlichen verstanden und angewendet werden

Kostenartenplan
Partizipative Entwicklung eines neuen Kostenartenplanes
- mit aussagekräftigen und verständlichen Beschreibungen
- die eine eindeutige Begriffsdefinition für die Kostenarten liefern
- die als Grundlage für die Erstellung unserer Controlling-Berichte dienen
- die sowohl von den Fachleuten akzeptiert als auch von den
- Budgetverantwortlichen verstanden und angewendet werden und
- der eine entsprechende Unterscheidung ermöglicht zwischen Aufwand und Kosten (bzw. Erträgen und Leistungen)

Es geht in der zweiten Projektgruppensitzung darum, dass der bisherige Kontenplan der auf der Grundlage des Industriekontenrahmens entwickelt wurde, an die Erfordernisse des Sozialbereiches angepasst wird. Es wird derzeit diskutiert, den alten Kontenplan durch einen neuen Kontenplan abzulösen, der die Pflegebuchführungsverordnung (PBV) als Grundlage heranzieht und insbesondere für die Grobstruktur der Kontengliederung die PBV-Gliederungssystematik berücksichtigt. Im Zuge des Projekts sollen weiter aussagekräftige und verständliche Kontenbeschreibungen entwickelt werden, die von den Verwaltungsmitarbeitern aber auch von den fachverantwortlichen Budgetverantwortlichen akzeptiert und verstanden werden. Für den neuen Kostenartenplan soll dadurch eine eindeutige und verlässliche Basis entstehen.

Name	Funktion	Bereich
Herr Kerner, Jr.	Geschäftsführung	Verwaltung
Herr Ziegenbeine	Controlling	Verwaltung
Herr Deitermenn	Buchhaltung	Verwaltung
Herr Vahs	Personalwesen	Verwaltung
Herr Dr. Merchels	Jugendhilfe	Bereichsleiter
Herr Speckertle	Arbeitslosenhilfe	Sekretariat
Herr Liefelder	Altenpflege	Budgetverantwortlicher
Frau Löffel	Behindertenhilfe	Fakturierung

Mitglieder der Projektgruppe

Beachtet wurde bei der Zusammensetzung der Projektgruppe, dass sie

- Interdisziplinär
- Bereichs- und
- Hierarchieebenen übergreifend sowie
- mit Fachleuten aus Verwaltung und Budgetverantwortlichen aus den verschiedenen Fachbereichen versehen ist.

Tagesordnung

Die folgende Tagesordnung ist für die zweite Sitzung der Projektgruppe vorgesehen:

Abb. 26: Tagesordnung

Tagesordnung			
	Thema	Unterpunkte	Thema
TOP 1	Kontenplan	• Vorstellung eines Vorschlag einer Grobgliederungsstruktur des neuen Kontenplanes auf Grundlage der PBV • Diskussion und Entscheidung über die zukünftige Gestaltung	Herr Deitermenn

TOP 2	Beschreibungen	• Vorstellung und Diskussion der Beschreibungen – Aktiv- und Passivkonten – Aufwands- und Ertragskonten • Erstellung der EndfassungenVerabschiedung der Endfassungen • Diskussion des Kommunikations- und Zeitplanes für die Einführung der Beschreibungen • Aufnahme in das Qualitätsmanagementhandbuch unter einer eigenen Rubrik: Rechnungswesen und Controlling in der Arnold Kerner gGmbH	Herr Dr. Merchels
TOP 3	Kostenstellenplan	• Diskussion über die Entwicklung eines spezifischen Kostenartenplanes für die Kosten- und Leistungsrechnung mit einer eigenen Nummersystematik • Festlegung der weiteren Vorgehensweise und Terminierung der Arbeitsschritte in diesem Zusammenhang	Herr Ziegenbeine

Protokoll über die Projektgruppensitzung

Tagungsort: Sitzungsraum 1 Oval Office
Datum: 1. April 2005
Zeitraum: 9.00 Uhr bis 17.45 Uhr

Anwesende: Herr Kerner, jr., Herr Ziegenbeine, Herr Deitermenn, Herr Vahs, Herr Dr. Merchels, Herr Liefelder
Entschuldigt: Herr Speckertle, Frau Löffel

Herr Kerner: Ich begrüße Sie zu dieser zweiten Sitzung und möchte kurz auf die heutigen Tagesordnungs- und Bearbeitungspunkte eingehen. Nicht das mir einer auf die Idee käme es handle sich um einen Aprilscherz. Wie Sie alle wissen, wollen wir ein partizipatives Budgetierungssystem für unsere Organisation einführen. Wir haben uns dazu entschieden, dass wir das Übel an der Wurzel angehen ... kleiner Scherz am Rande ... und uns den Konten, deren Beschreibungen und anschließend den Kostenarten zuwenden.

Herr Ziegenbeine: Wenn ich Sie ganz kurz ergänzen darf, die Kostenarten bilden die entscheidende Grundlage für die Berichte des Controllings an unsere Kostenstellenverantwortlichen/Budgetverantwortlichen. In den Berichten, die die Planzahlen unserer Organisation auf Kostenstellenbasis wiedergeben, werden die Kosten und Leistungen immer untergliedert oder differenziert dargestellt mit Hilfe der Kostenarten.

Ich lege nur ganz kurz, wenn Sie erlauben, ein Beispiel eines Berichtes in unserer Organisation auf, um die Bedeutung unseres Tuns zu verdeutlichen.

Herr Kerner: Ungern, aber tun Sie sich keinen Zwang an. Im Übrigen wäre ich Ihnen dann sehr verbunden, wenn wir in die Tagesordnung einsteigen könnten, wir haben heute ja einiges vor.

Herr Ziegenbeine: Danke!

Anmerkung: Herr Ziegenbeine legt den folgenden Controlling-Bericht auf den Überkopfschreiber und erläutert diesen kurz!

Abb. 27: Beispiel eines monatlichen Berichtes an die Kostenstellenverantwortlichen (Betriebsabrechnungsbogen) in einer stark komprimierten Form bezüglich der Kostenarten

Kostenstellennummer: 99999 *Kostenstelle:* Geschäftsführung *Kostenstellenverantwortlicher:* Herrr Kerner			*Druckdatum:* 12.12.05 *Monatsauswertung:* Dezember	
Kosten-arten-nummer	*Kostenarten-Bezeichnung*	*EURO Ist*	*EURO Soll*	*EURO Abwei-chung*
410000	Hauptleistungsentgelte			
420000	Sonderleistungsentgelte			
430000	Sonstige Leistungsentgelte			
440000	Betriebskostenzuschüsse			
500000	Andere Erträge			
510000	Außerordentliche Erträge			
Summe der Erträge				
610000	Löhne und Gehälter			
620000	Gesetzliche Sozialabgaben und Altersversorgung, Beihilfen			
630000	Sonstiger Personalaufwand			
640000	Sachkosten			
710000	Andere Aufwendungen			
720000	Außerordentliche Auf-wendungen			
Summe Aufwendungen				
Ergebnis				

Ich habe in diese Auswertung keine Zahlen eingespielt. Sie sehen den Bericht der Kostenstelle Geschäftsführung. Auf die Einzelheiten möchte ich nicht näher eingehen … jedoch …

Herr Kerner: Wir danken Ihnen dafür …

Herr Ziegenbeine: … jedoch möchte ich kurz auf die linken beiden Spalten hinweisen. In diesen sind die Kostenarten dargestellt auf deren Grundlage wir die EURO-Daten im IST einspielen. Die SOLL-Zahlen erhalten wir über den mit Ihnen gemeinsam entwickelten Wirtschaftsplan des aktuellen Planjahres. Beide Werte werden in diesem Bericht gegenüber gestellt und in einer weiteren Spalte wird die Abweichung dargestellt. Wenn in unserer Organisation nicht geklärt ist, was z.B. unter dem „sonstigen Personalaufwand" verstanden wird, kann die Aufgabe der Budgetverantwortlichen in Bezug auf die Planung, Steuerung und Kontrolle ihrer Budgetzahlen nicht wahrgenommen werden. Sie wissen dann nämlich nicht für was sie die Verantwortung übernommen haben und was ihnen dieser Bericht eigentlich sagen will.

Herr Dr. Merchels: Ich kann Ihnen hier nur zustimmen, genau das ist doch derzeit unser Problem!

Herr Kerner: Wunderbar, dann sind wir uns ja einig und ich kann von einer hohen Akzeptanz der entwickelten Ergebnisse in unserer Organisation ausgehen. Ich rufe den ersten Tagesordnungspunkt auf und übergebe an Herrn Deitermenn.

Herr Deitermenn: In unserer ersten Projektgruppensitzung hatten wir beschlossen, dass wir uns bei der Entwicklung einer Gliederungssystematik für die Konten an der Pflegebuchführungsverordnung orientieren wollen. Ich habe darauf aufbauend den folgenden Grobplan entwickelt und würde bereits jetzt denselben Grobplan für die Kostenartengliederung vorschlagen. Die Inhalte können dann durchaus unterschiedlich sein, die Struktur der Kostenarten und Konten entspricht sich jedoch.

Anmerkung: Herr Deitermenn legt den folgenden Plan auf den Overhead-Projektor auf.

Abb. 28: Soll-Konzept, Konten- und Kostenartenplan

Soll – Konzept: Konten- und Kostenartenplan Erstellung eines neuen Kontenplanes in Anlehnung an die Pflegebuchführungsverordnung 2. Projektgruppensitzung	
Kontonummer und Bezeichnung in der Finanzbuchhaltung	Kostenartennummer und Bezeichnung in der Kosten- und Leistungsrechnung
Aktivkonten 00 00 00 Anlagevermögen 10 00 00 Umlaufvermögen	Nicht benötigt – keine Entsprechung – – keine Entsprechung –
Passivkonten 20 00 00 Eigenkapital 30 00 00 Fremdkapital	Nicht benötigt – keine Entsprechung – – keine Entsprechung –
Ertragskonten 40 00 00 Erträge 50 00 00 andere Erträge	Leistungs(kosten)arten 40 00 00 Erträge 50 00 00 andere Erträge
Aufwandskonsten 60 00 00 Aufwendungen 70 00 00 weitere Aufwendungen	Kostenarten 60 00 00 Aufwendungen 70 00 00 weitere Aufwendungen

Herr Vahs: Wenn ich mich an mein Studium der Betriebswirtschaftslehre recht erinnere, ist doch im Bereich der Kosten- und Leistungsrechnung ein eigener Nummernkreis angelegt. Im IKR beginnen doch die Kostenarten immer mit der Nummer 9. In Ihrem Vorschlag ist dies nicht so, da wären dieselben Nummern für die Konten und dann auch wieder für die Kostenar-ten vorgesehen.

Herr Deitermann: Ja und Nein. Ja in Bezug auf die Nummern. Nein jedoch deshalb, weil es sich um zwei verschiedene Systeme handelt. A) den Bereich der Finanzbuchhaltung B) den Bereich der Kosten- und Leistungsrechnung. Es handelt sich hier um zwei voneinander getrennte Rechnungskreise, die über eine EDV-Schnittstelle miteinander verbunden sind. Insofern spielt es keine Rolle wenn die Nummern in beiden Rechnungskreisen auftauchen. Bzw. es ist so, dass ich mir mehr Möglichkeiten erschließe, wenn die Kreise wirklich voneinander trenne. Ich habe dann doch nicht nur die Nummer 9 für den KLR-Bereich, sondern alle Zahlen von 0 – 9 für diesen Bereich zur Verfügung. Bei einer sechsstelligen Nummerierung hätte ich laut IKR nur 99.999 Möglichkeiten, wenn allein die 9 dafür vorgesehen ist. Bei meiner Variante, die übrigens die Übliche in allen Nonprofit-Organisationen darstellt, habe ich 999.999 verschiedene Variationsmöglichkeiten.

Herr Liefelder: Aha. Ich habe jetzt einmal eine ganz andere „dumme Frage"? Wieso werden die Aktiv- und Passivkonten in der Kosten- und Leistungsrechnung nicht benötigt?

Herr Deitermann: Ich finde die Frage ist berechtigt. Die Antwort darauf ist vielleicht etwas komplex. Bei der Betrachtung von Kosten und Leistungen, die wir buchhalterisch aus den Aufwands- und Ertragskonten herleiten spielen die Aktiv- und Passivkonten keine Rolle. Die Aktiv- und Passivkonten stellen das Vermögen und Kapital dar. Die Aufwands- und Ertragskonten die Aufwendungen und Erträge. Aus diesem Grund werden für die Belange eines Berichtswesens oder der Kosten- und Leistungsrechnung diese in die KLR überführt.

Herr Liefeldel: Danke das reicht mir. Ich denke ich kann mit dem von Ihnen gemachten Vorschlag für die Grobgliederung leben. Vor allem hat dieser den Vorteil dass er eine griffige Gliederung wieder spiegelt. Die NULL (0) als führende Ziffer zeigt, dass es sich um ein Aktivkonto des Anlagen-vermögens handelt. Die EINS (1) bedeutet, dass wir ein Aktivkonto des Umlaufvermögens ist und die ZWEI (2) zeigt an, dass es ein Passivkonto mit Eigenkapitalcharakter darstellt. In Bezug auf die Aufwands- und Ertragskonten oder auch die Kostenarten ist diese klare Gliederung ein weiterer Vorteil. Sie findet sich dann nicht nur im Kontenplan, sondern auch im Kostenstellenplan wieder. Für die weitere Kommunikation in unserer Einrichtung traue ich es mir durchaus zu, die Bedeutung dieser führenden Ziffern zu kommunizieren und bin mir sicher dass es sich um ein transparentes und eindeutiges verständliches System handelt.

Herr Kerner: Ich bin froh, dass Sie jetzt mal einen Punkt gemacht haben um Luft zu holen, sonst komme ich ja gar nicht mehr zu Wort. Ich schlage vor, dass wir für das Protokoll festhalten, dass wir die vorgeschlagene Systematik der Struktur für den Kontenplan und Kostenartenplan so übernehmen und in unseren TOP 2 einsteigen: Beschreibungen. Ich darf Herrn Dr. Merchels bitten, diesen Punkt vorzustellen.

Herr Merchels: Ja nun, ich darf Ihnen zunächst die Beschreibungen der Aktiv- und Passivkonten und anschließend die Aufwands- und Ertragskonten Beschreibungen vorstellen. Ich würde dazu alle Konten über den Beamer und deren Beschreibung visualisieren. Wir können dann gemeinsam die Beschreibungen diskutieren und für jedes Konto die Endfassung festlegen.

Herr Kerner: Ihr Vorschlag erscheint mir als eine Möglichkeit des strin-genten Vorgehens. So dass wir weitgehend suboptimale Faktoreinsätze vermeiden können. Machen Sie so weiter.

Herr Merchels: Ich beginne mit den Aktivkonten ...

Anmerkung: Herr Dr. Merchels stellt alle Konten und deren Beschreibungen zur Diskussion. Für den folgenden Auszug haben wir uns auf einzelne ausgewählte Konten im Aktiv-, Passiv-, Aufwands- und Ertragskontenbereich sowie Erläuterungen dazu beschränkt. Die Kontenbeschreibungen sind aus dem Musterkontenplan des Diakonischen Werk Württemberg entnommen, der Ende 2003 erstellt wurde und sowohl für Solitäreinrichtungen mit einem einzigen Leistungsbereich, wie auch Komplexeinrichtungen empfohlen wird.

Aktiva
01 00 00 – 08 00 00 Anlagevermögen

Grundsätzliches
Zum Anlagevermögen zählen alle Vermögensgegenstände, die dazu bestimmt sind, dauernd dem Zweck der Ein-richtung oder des Werks zu dienen. Ob ein Vermögensgegenstand zum Anlagevermögen gehört, ergibt sich aus dessen Zweckbestimmung. Lässt sich diese nicht eindeutig feststellen, kann die Bilanzierung Anhaltspunkt für die Zuordnung zum Anlagevermögen sein. Am Bilanzstichtag noch nicht fertig gestellte Anlagen werden ...

Inventur des Anlagevermögens

Das Anlagevermögen unserer Organisation stellt einen wesentlichen Vermögensbestandteil dar. Wir stellen organisatorisch sicher, dass die Anlagegegenstände über die Inventur in regelmäßigen Abständen einer körperlichen Bestandsaufnahme unterzogen werden. Dies beinhaltet auch eine Überprüfung, ob beschaffte Gegenstände noch vorhanden, funktionsfähig und im Gebrauch sind.

067 000 Fuhrpark

Bei Kraftfahrzeugen gehören zu den Anschaffungskosten der Kaufpreis, die Zulassung und Überführung des Fahrzeugs und Fahrzeugeinbauten (z.B. Rampe für Behindertentransport, Freisprechanlage). Zu den Fahrzeugen zählen auch Aufsitzrasenmäher, landwirtschaftliche Fahrzeuge, Anhänger, Dienstfahrräder. Bei bezuschussten Fahrzeugen kann der so genannte verkürzte Zahlungsweg zum Tragen kommen. Unter verkürztem Zahlungsweg versteht man, dass bspw. der Zuschussgeber das Fahrzeug ganz oder teilweise direkt beim Autohaus zahlt und der bezuschusste soziale Träger nur. ...

Passiva

20 00 00 Eigenkapital

Auf der Passivseite der Bilanz ist als erster Posten das Eigenkapital auszuweisen. Es ergibt sich als Unterschiedsbetrag zwischen der Summe der Posten auf der Aktivseite und der Summe der übrigen Posten auf der Passivseite. Gemäß Anlage 1 zur PBV ist das Eigenkapital in folgende Positionen zu gliedern:

1. Gezeichnetes/gewährtes Kapital
2. Kapitalrücklagen
3. Gewinnrücklagen
4. Gewinnvortrag/Verlustvortrag
5. Jahresüberschuss/Jahresfehlbetrag.

Anstelle der Positionen „4. Gewinn-/Verlustvortrag" und „5. Jahresüberschuss/Jahresfehlbetrag" steht bei Aufstellung des Jahresabschlusses nach Ergebnisverwendung (Rücklagenbildung oder Rücklagenentnahme) die Position Bilanzgewinn/Bilanzverlust (vgl. Erläuterungen zu diesen Kontenuntergruppen). ...

Erträge

40 00 00 – 50 00 00 Ertragskonten

In den Kontenklassen 4 und teilweise 5 werden alle Erträge eines Geschäftsjahrs erfasst, die der Einrichtung laufend durch satzungsgemäß zu erbringende Leistungen zufließen. Jede erbrachte Leistung führt zu einem Ertrag, der dann auch unabhängig vom Zahlungseingang zu buchen ist. Dabei ist ebenso – wie bei den Aufwendungen – auf eine periodengerechte Abgrenzung zu achten. Die Erträge sind buchhalterisch in voller Höhe nach dem Brut-toprinzip zu erfassen. Erträge dürfen also nicht mit den entsprechenden Aufwendungen saldiert werden, da dies dem Grundsatz eines klaren Ausweises der wirtschaftlichen Vorgänge widerspricht (§ 246 Abs. 2 HGB). ...

Als Umsatzerlöse sind die Erlöse aus dem Verkauf von für die gewöhnliche Geschäftstätigkeit des Unternehmens typischen Dienstleistungen, Erzeugnissen und Waren nach Abzug von Erlösschmäle-

rungen und der Umsatzsteuer auszuweisen (siehe § 277 Abs. 1 HGB).
Unter Erlösschmälerungen sind alle Arten von Preisnachlässen
(Rabatte jeglicher Form, Skonti) zu verstehen (vgl. Konto 4859
Skontoaufwendungen). Bei möglicherweise umsatzsteuerpflichtigen
Konten wurden Hinweise darauf aufgenommen. Es wird keine Ge-
währ dafür übernommen, dass diese Hinweise vollständig sind. ...

Aufwendungen

60 00 00 – 70 00 00 Aufwandskonten
Vorbemerkungen: In der Kontenklasse 6 wird gewöhnlich der größte
Teil der zur Erfüllung des Betriebszwecks erforderlichen, regelmäßig
wiederkehrenden und den Abrechnungszeitraum (Geschäftsjahr) be-
treffenden Aufwendungen (betriebliche Aufwendungen) erfasst. Die
übrigen betrieblichen und außerbetrieblichen Aufwendungen werden
in der Kontenklasse 7 gebucht. …
Die Konten der Gruppe 60-63 sollten nach Dienstgruppen unterglie-
dert werden z.B.
• Leitung und VerwaltungBetreuungs-, Pflege- und Erziehungsdienst
• Begleitender Dienst (Beschäftigungstherapeuten, Psychologen,
Krankengymnasten usw.)
• Wirtschafts- und Versorgungsdienst (Küche, Wäscherei, Hausreini-
gung)Technischer Dienst (Hausmeister, Fahrdienst, Gärtner, Hand-
werker usw.)
• Sonstiges Personal (Praktikanten, Schüler, Diakonisches Jahr,
Zivildienstleistende und andere Mitarbeiter, soweit sie nicht den
übrigen Dienstgruppen zuzuordnen sind).

600 000 Löhne und Gehälter
In dieser Kontenuntergruppe sollen grundsätzlich ausschließlich
Löhne und Gehälter, die in einem Personalabrechnungssystem ermittelt werden (z.B. über ZGAST), gebucht werden. Sie können dann ggf.
über eine Schnittstelle von der Lohn- und Gehaltsabrechnung in die
Finanzbuchhaltung übernommen werden. Generell ist zu empfehlen,
dass bei einer Übernahme von Daten aus anderen Programmen
immer auf gesonderte Konten gebucht werden sollte. Möglicherweise gleichartige Buchungen manueller Natur sollten nicht auf diesen Konten verbucht werden, da ansonsten eine Abstimmung mit den
Subsystemen nicht mehr so einfach möglich ist. Die ersten beiden
Stellen der Kontonummer stellen die so genannte Kostenart dar. 600
steht für Löhne und Gehälter. Die folgenden beiden Stellen der Kontonummer stellen die so genannte Dienstart dar. Im Personalfall wird
für jeden Mitarbeiter die Dienstart bzw. die Dienstarten festgelegt
und damit auch gleichzeitig das Buchhaltungskonto, dem die jeweiligen Personalkosten zugeordnet werden. …
Die Untergliederung der Dienstarten, die sich auf die Nummerierung
der Konten auswirkt, ist von den Erfordernissen der Vergütungs-
bzw. Entgeltkalkulation geprägt. Es wird von daher ein recht differenzierter Dienstartenkatalog vorgeschlagen. Alternativ können diese
Anforderungen aus der Vergütungs- bzw. Entgeltkalkulation auch
über die Kostenrechnung erreicht werden. In diesem Falle sind di-
verse Dienstarten entbehrlich. ... .

Anmerkung: Das Ergebnis der Diskussion wird im Zuge der Überarbei-
tung der Kontenbeschreibungen in den vorliegenden Kontenplan aufgenommen insofern wird die Diskussion nicht protokollarisch festgehalten.

Herr Kerner: Mensch, Merchels, da haben Sie sich ja richtig ins Zeug gelegt und grundlegend gearbeitet. Ich danke allen für die angeregte Diskussion und halte fest, dass wir die überarbeiteten Kontenbeschreibungen verbindlich in unserer Organisation anwenden wollen. Wir müssten dann noch den Kommunikations- und Zeitplan für die Einführung der Beschreibungen besprechen. Ferner müssten die Beschreibungen in unser Qualitätsmanagementhandbuch unter einer eigenen Rubrik: Rechnungswesen und Controlling in der Arnold Kerner gGmbH aufgenommen werden. Gibt es dazu Vorschläge?

Herr Merchels: Danke für diese positiven Worte! Als Vorschläge zur Weiterarbeit könnte ich folgendes anführen. Ich denke ich benötige für die Änderungen ca. zwei Wochen, so dass wir den Kontenplan als Teil des Qualitätsmanagementhandbuch unter der Rubrik: Rechnungswesen und Controlling in unser Intranet stellen können.

Mit einer entsprechenden Mail versehen, müsste dann erklärt werden, dass von jetzt an dieser Kontenplan verbindlich für unsere gGmbH ist. Ferner sollten wir konkret Schulungen und Workshops für die Sekretariate und Kostenstellenverantwortlichen anbieten die ja mit diesem neuen Instrument umgehen müssen. Ich könnte mich für die Detailplanung mit Herrn Deitermenn zusammensetzen.

Herr Kerner: So machen wir es! Ich bin begeistert, das geht ja heute richtig zügig voran. Kommen wir zu unserem letzten Tagesordnungspunkt TOP 3: Kostenartenplan. Herr Ziegenbeine bitte.

Herr Ziegenbeine: Ich kann es kurz machen.

Herr Kerner: Das finde ich gut!

Herr Ziegenbeine: Das dachte ich mir schon. Die Diskussion über die Entwicklung eines spezifischen Kostenartenplanes für die Kosten- und Leistungsrechnung mit einer eigenen Nummersystematik kann abgekürzt werden. Wir haben uns bereits festgelegt bezüglich der Nummerierungssystematik unserer Kostenarten. Diese sollen in Anlehnung an die Konten gegliedert werden. Im weiteren geht es darum die Vorgehensweise und Terminierung der Arbeitsschritte in diesem Zusammenhang festzulegen.

Herr Liefelder: Ja. Ich denke die Sache ist klar! Es geht darum alle Ertragskonten für die Belange der Kosten- und Leistungsrechnung so zu sichten, dass wir im Anschluss, wenn wir von Kostenarten sprechen und den Kostenartenplan erstellen wirklich nur leistungsbedingte Erträge ausweisen. ...

Herr Kerner: Das ist aber noch nicht alles!!

Herr Liefelder: Sie hätten mich eben ausreden lassen müssen. Weiter geht es darum, die zusätzlichen Kostenarten anzulegen, die die Finanzbuchhaltung nicht kennt.

Herr Kerner: Ganz genau, die Kostenarten, die der Aufnahme der Zusatzkonten oder Anderskosten dienen, müssen entwikkelt und in den Kostenartenplan eingestellt werden. ...

Herr Ziegenbeine: Ich kann mir gut vorstellen, dass ich folgendes machen werde. Ziel ist es einen speziellen Kostenartenplan für unsere Organisation zu entwickeln, der als Grundlage für das Berichtswesen dienen kann. Dabei stehen die folgenden Punkte fest:
a) Die Struktur der Kostenarten haben wir beschlossen.
b) Die Untergliederung der Kostenarten orientiert sich an den Differenzierungen der Konten.
c) Wenn es nötig wird neue Kostenarten zu entwickeln, um die kalkulatorischen Kostenarten aufzunehmen, werde ich dies tun.
d) Die neutralen Aufwands- und Ertragskonten dürfen als Kostenarten nicht auftauchen.
e) Die Kostenartenbeschreibungen orientieren sich ebenfalls an den Kontenbeschreibungen. Allerdings nur dort, wo Zweckaufwand = Grundkosten darstellt. Im Falle der neutralen Aufwendungen und Erträge trifft dies nicht zu. Ebenso gilt dies nicht für die Zusatz- oder Anderskosten.

Den neuen Kostenartenplan und die Beschreibungen werde ich an der nächsten Projektgruppensitzung präsentieren. Diese findet im Mai statt.

Herr Kerner: Lieber Herr Ziegenbeine, Ihre Vorschläge sind ganz ausgezeichnet. Ich kann diese nur befürworten. Auch wenn heute der 1. April ist, war die heutige Veranstaltung sehr produktiv. Sie bringt uns maßgeblich auf dem Weg hin zu einem partizipativen Controlling voran Ich bedanke mich ganz herzlich und wünsche uns allen eine schöne Zeit bis zum Mai.

Auf Wiedersehen!

3.4 Praxisnutzen

Praxisnutzen Welchen Praxisnutzen hat das Wissen um die in Kapitel 3 geschilderte Kostenartenrechnung? Diese Frage soll kurz beantwortet werden.

Planung, Steuerung ... Die Kostenartenrechnung bildet die erste Stufe der Kostenrechnung. Sie ist für die Planung der Bereichsbudgets unabdingbare Vorraussetzung. Ein Soll-Ist-Vergleich wird durch sie erst ermöglicht.

Eine sinnvolle Planung der einzelnen Personal- und Sachaufwendungen und der daraus abgeleiteten Kosten sowie der Erträge und in der Folge der Leistungen ist ohne die grundlegenden Kenntnisse der Kostenartenrechnung unmöglich.

Dokumentation der Prozesse und Instrumente Die Prozesse der Budgetierung fußen bezüglich der Detailplanung auf den Kostenarten. Die Wirtschaftsplanung wird immer konten- oder kostenartenbezogen durchgeführt.

Die Entwicklung, Dokumentation und gemeinsame Anwendung eines einrichtungsindividuellen Konten- bzw. besser noch Kostenartenplanes ist für jede Nonprofit-Organisation unabhängig von den Leistungen die sie erbringt empfehlenswert.

Qualifikation und Kommunikation Die Qualifikation der Budgetverantwortlichen über die Konten- und Kostenstellenbelange sind in jeder Nonprofit-Organisation nötig. Über eigene Schulungsmaßnahmen und den Einkauf von ReferentInnen zur Durchführung von Inhouse-Seminaren kann dieses Wissen vermittelt werden. Es muss gelingen eine weitgehend einheitliche Wissensbasis in den Organisationen aufzubauen. In die Schulungsmaßnahmen einbezogen werden sollten Personen aus verschiedenen Hierarchieebenen je nach Delegationsgrad und Aufgabenzuweisung sowie alle Bereiche der Organisation.

Die Kongruenz zwischen Dienst-, Fach- und Budgetverantwortung erfordert das spezifische Konten- und Kostenarten-Know-how der Kostenstellen- und Budgetverantwortlichen in jeder Organisation, die einen partizipativen Ansatz bezüglich Ihres Controlling einschlagen will.

4. Die Kostenstellen

Das Kapitel Kostenstellen hat die vier gewohnten Unterkapitel in welchen die folgenden zentralen Fragen beantwortet werden:

Didaktischer Fahrplan durch das Kapitel Kostenstellen

Kostenstellen	
Kapitelbezeichnung	*Zentrale Fragen dieses Kapitels*
Theorie und Praxis	• Wie sieht die Theorie zur Kostenstellenrechnung aus? • Was sind Einzel- und Gemeinkosten? • Was ist ein Betriebsabrechnungsbogen? • Die Funktionsweise eines Betriebsabrechnungsbogens? • Einstufiger Betriebsabrechnungsbogen? • Welche Arten von Kostenstellen gibt es? • Was sind Hilfs-, Haupt- und Hierarchiekostenstellen? • Was ist ein Kostenstellenplan? • Wer erhält den Kostenstellenplan? • Was hat es mit den sagenumwobenen Umlagen auf sich? • Was versteht man unter Umlage? • Wie sieht die kostenstellenbezogene Umlage aus? • Wie gestaltet sich die kostenartenbezogene Umlage?
Praxisbeispiel „Kostenstellen" *Pflegeglück*	• Wie kann die Kostenstellenstruktur anhand eines Organigramms entwickelt werden? • Die Nummerierung der Kostenstellen? • Was versteht man unter Kommunizierbarkeit der Kostenstellen? • Wie sehen Elemente der Kostenstellenrechnung in der Praxis aus: Wegweiser und Kostenstellenplan?
Ein Interaktives Gespräch zur Kostenstellenrechnung „Umlagen" *Pflegeglück*	• Wie kann das Thema der Umlagen bzw. der Gemeinkostenverteilungsschlüssel partizipativ diskutiert werden? • Welche Hilfskostenstellen werden für die Umlage benötigt bzw. was wir umgelegt? • Welche Schlüssel bieten sich für die Umlage an? • Wie können Umlagen transparent dargestellt werden?
Der Praxisnutzen	• Welchen Praxisnutzen haben Budgetverantwortliche von der Kenntnis über die Kostenstellenrechnung?

Die Kostenstellenrechnung beantwortet die Frage:

Wo sind die Kosten angefallen?

Die Kosten-
stellenrechnung
bildet die 2.
Stufe der Kos-
tenrechnung
Die Kostenstellenrechnung stellt die zweite Stufe der Kosten-
und Leistungsrechnung dar. Für die Budgetierung ist sie aus
folgenden Gründen von zentraler Bedeutung:

- Sie ordnet die Kosten den jeweiligen Orten (Kostenstellen)
  in der Einrichtung zu
- Sie verdeutlicht die Orte der Kostenentstehung.
- Sie bildet die Ist-Zahlen aus der Finanzbuchhaltung/Kos-
  ten- und Leistungsrechnung und die Soll-Zahlen aus dem
  Wirtschaftsplan auf den Kostenstellen ab.
- Sie ermöglicht den Vergleich zwischen Ist- und Soll-Zahlen
  auf den Kostenstellen.
- Die Budgetverantwortlichen erhalten zu festgelegten Zeit-
  punkten: z.B. jährlich, halbjährlich, vierteljährlich oder
  quatalsweise Ihre Berichte aus der Kosten- und Leistungsrechnung heraus.

Die Aufgaben der Kostenartenrechnung stellen sich wie folgt
dar (Olfert, 2001, S. 139):

Die Aufgaben der Kostenartenrechnungnach Olfert
• Verteilung der Gemeinkosten aus der Kostenartenrechnung • Durchführung der innerbetrieblichen Leistungsverrechnung • Vorbereitung der Kalkulation • Kontrolle der Wirtschaftlichkeit

Fazit
Die Kostenstellen bilden für die Budgetverantwortlichen das
Instrument zur Steuerung ihrer Organisationsbereiche. In den
betriebswirtschaftlichen Berichten auf Kostenstellenbasis werden die geplanten und im Ist gebuchten Kostenarten gegen-
übergestellt. Eine Steuerung des Bereiches wird ermöglicht.

4.1 Theorie und Praxis

Die folgenden Themen werden in diesem Unterkapitel behandelt:

- Theorie der Kostenstellenrechnung
- Einzel- und Gemeinkosten
- Der Betriebsabrechnungsbogen
- Die Arten der Kostenstellen
- Der Kostenstellenplan
- Die Umlagen

Theorie der Kostenstellenrechnung

Die Theorie der Kostenstellenrechnung geht davon aus, dass die so genannten Einzelkosten dem Kostenträger zugerechnet werden und die Gemeinkosten von den Kostenstellen übernommen werden (vgl. Schaubild Kapitel 1.2 „Klassisches Modell der Kostenrechnung").

Wie sieht die Theorie zur Kostenstellenre chnung aus?

„Die Kostenstellenrechnung ist die zweite Stufe der Kostenrechnung. Sie übernimmt die Kosten aus der Kostenartenrechnung, welche den Kostenträgern nicht unmittelbar zugerechnet werden, die Gemeinkosten. Sie sind den Kostenträgern – in dem praxistypischen Fall eines Mehrproduktunternehmens – aufgrund der Information aus der Kostenartenrechnung nicht zurechenbar, weil die einzelnen Kostenarten für mehrere Kostenträger gemeinsam anfallen, der Produktionsapparat durch die Kostenträger aber unterschiedlich stark in Anspruch genommen wird. Würden die Gemeinkosten den Kostenträgern ohne Kostenstellenrechnung mit einem globalen prozentualen Zuschlag auf die Einzelkosten zugerechnet, würde eine Proportionalität von Einzelkosten und Gemeinkosten unterstellt, die normalerweise nicht gegeben ist. Es würden Selbstkosten für die einzelnen Kostenträger ermittelt, die nicht der Realität entsprächen. In der Kostenstellenrechnung werden die auf jede Kostenstelle entfallenen Gemeinkosten als Zuschlagssatz auf die in der Kostenstelle angefallenen Einzelkosten ermittelt. Die einzelnen Zuschlagssätze werden in die Kostenträgerrechnung übernommen, wo eine anteilige Zurechnung der Gemeinkosten auf die Kostenträger erfolgt" (Olfert, 2001, S. 138).

Der hier geschilderte Prozess bildet das klassische Modell der Kostenrechnung ab. Zentrale Begriffe sind Kostenarten, Kostenstellen und Kostenträger. Ferner spielen die Einzelkosten und Gemeinkosten eine wichtige Rolle.

Die Einzel- und Gemeinkosten

Die Theorie und auch die Praxis in der Nonprofit-Organisation gehen davon aus, dass es Einzel- und Gemeinkosten gibt.

Was sind Einzel- und Gemeinkosten?

> *Definition:* Einzelkosten
>
> Einzelkosten zeichnen sich dadurch aus, dass sie dem Kostenträger eindeutig zuzuordnen sind. D.h. sie können z.B. direkt bei Ihrem Anfall dem entsprechenden Produkt der Nonprofit-Organisation zugeordnet werden.

Beispiele für Einzelkosten im Personalkostenbereich sind die Mitarbeiter die konkret die Leistungen in der Pflege, in der Betreuung, in den Werkstätten für Menschen mit Behinderungen oder auch die spezifischen konzeptionsbedingten Leistungen in der Jugendhilfe erbringen. Die angefallen Kosten werden, so die Theorie einem Kostenträger zugerechnet. In der Praxis der Nonprofit-Organisation geschieht dies häufig so, dass der Einfachheit halber keine zusätzlichen Kostenträger gibt, sondern dass auf den entsprechenden Kostenstellen diese Personalkosten verrechnet werden. Kostenstelle und Kostenträger entsprechen sich dann sowohl von ihrer Bezeichnung als auch von ihren Nummern her.

Definition: Gemeinkosten

Gemeinkosten werden dadurch definiert, dass sie bei Ihrem Anfall nicht direkt einem Kostenträger also Produkt zuordenbar sind. Sie sind jedoch mittelbar nötig um die Produktion aufrecht erhalten zu können. Allgemein handelt es sich dabei um alle Kosten die mit der Verwaltung, Abrechnung und Führung der Nonprofit-Organisation zusammenhängen.

Gemeinkosten treten in jeder Organisation auf. Es gibt in der Regel umso mehr Gemeinkosten je komplexer deren Leistungsspektrum ist. Beispiele dafür sind z.B. die Personal- und Sachkosten

- des Mitarbeiters, der die Fakturierung und Personalverwaltung erledigt
- der Geschäftsführung
- des Controlling
- des Qualitätsmanagement
- der Buchhaltung
- der Öffentlichkeitsarbeit
- etc.

Der Betriebsabrechnungsbogen

Die Darstellung und Umlage der Gemeinkosten von den Kostenarten auf die Kostenstellen wird mit Hilfe des so genannten BAB: Betriebsabrechnungsbogen vollzogen. In der Praxis der Nonprofit-Organisation treten vielfältige Arten von betriebswirtschaftlichen Berichten der Kosten- und Leistungsrechnung oder des operativen Controlling auf, die sich Betriebsabrechnungsbogen nennen. Von ihrem praktischen Anspruch her gesehen sind sie dies sicherlich auch, von der theoretischen Funktion her betrachtet sicher nicht.

Was ist ein Betriebsabrechnungsbogen? Verkürzt ausgedrückt heißt die tabellarische Form der Kostenstellenrechnung Betriebsabrechnungsbogen.

„Der Betriebsabrechnungsbogen weist für jeden Kostenbereich die für die Kalkulation unterschiedlicher Erzeugnisse notwendigen Stellengemeinkosten, die Zuschlagsgrundlagen und die Zuschlagssätze aus. Er wird gewöhnlich monatlich und jährlich aufgestellt und ist senkrecht nach Kostenarten und waagerecht nach Kostenstellen gegliedert. Am Ende einer Abrechnungsperiode übernimmt er in der linken Spalte die Gemeinkostenarten und die Kostenbeträge aus dem KLR-Bereich der Ergebnistabelle und verteilt die Kosten in waagerechter Anordnung auf die Kostenstellen, in denen sie entstanden sind. ... Die Verteilung der Gemeinkosten auf die einzelnen Kostenstellen geschieht meist direkt aufgrund von Belegen (=Kostenstellen-Einzelkosten): Die Lohnlisten, Gehaltslisten, Entnahmescheine für Hilfs- und Betriebsstoffe usw. weisen nicht nur die Beträge, sondern auch die zu belastenden Kostenstellen aus.

Andere Gemeinkostenarten lassen sich nicht – oder nur auf sehr unwirtschaftliche Weise – direkt für die Kostenstellen erfassen und verrechnen. Sie können nur indirekt mit Hilfe von bestimmten Schlüsseln auf Stellen umgelegt werden (=Kostenstellen-Gemeinkosten). So lassen sich z.B. die Aufwendungen für Miete, Reinigung und Heizung nach der beanspruchten Raumfläche, die freiwilligen sozialen Aufwendungen nach der Zahl der Beschäftigten, die Sachversicherungsprämien nach den angelegten Werten verteilen" (Schmolke/Deiterman, 1995, S. 252).

... und was macht die Praxis?

In der betrieblichen Praxis der sozialen Unternehmung hat es sich wie oben bereits erwähnt eingebürgert, dass jede tabellarische Auswertung des Controllings und der Kosten- und Leistungsrechnung, die mit Hilfe der EDV erstellt und anschließend an die Kostenstellenverantwortlichen versendet wird: Betriebsabrechnungsbogen (BAB) genannt wird. Theorie und Praxis stimmen jedoch insoweit überein, als dass bei diesem so genannten BAB die Spalten- und Zeilensystematik bezüglich der Kostenstellen und Kostenarten eingehalten wird. In vielen Fällen weicht der Praxis-NPO-BAB vom Theorie-BAB ab. Es werden in vielen NPO-Aufwendungen = Kosten und Leistungen = Erträge gesetzt. Der so entstandene Betriebsabrechnungsbogen nimmt dann bei einer sauberen sprachlichen Trennung nicht die Kostenarten auf, sondern die Buchungen der Konten. Er gibt dann lediglich den Aufwand und den Ertrag der NPO wieder. Ferner werden als BAB-Kostenstellenauswertungen auf Basis von Kostenarten verstanden, ohne dass dabei Zuschlagssätze gebildet oder Umlagen der Gemeinkosten vorgenommen werden. In einigen Fällen werden die BAB auch betriebswirtschaftliche Auswertungen genannt (vgl. Ba-

chert, Lerneinheit 2, 2003, S. 26). In der folgenden Tabelle wird das Wort TEURO verwendet. Das bedeutet:
TAUSEND EURO ≙ TEURO.

Abb. 29: BAB mit Istgemeinkosten und -zuschlägen, in Anlehnung an Schmolke/Deitermann (1995, S. 253)

Beispiel eines Betriebsabrechnungsbogens

Gemeinskostenarten	K&LR TEURO	Schlüssel oder Verhältnis für die Umlage	I Material Kostenstelle TEURO	II Fertigung Kostenstelle TEURO	III Verwaltg. Kostenstelle TEURO	IV Vertrieb Kostenstelle TEURO
Gehälter	8.000	Mitarbeiter	950	2.000	4.000	1.050
Kalk. Abschreibung	1.700	Anlagenkartei	150	1.200	250	100
Bürokosten	10	Rechnung			10	
Betriebl. Steuern	450	1:2:5:1	50	100	250	50
Kalk. Zinsen	1.040	Vermögenswerte	20	790	150	80
Kalk. Unternehmerlohn	300	0:3:2:1		150	100	50
Summe Gemeinkosten	11.500	aufgeteilt:	1.170	4.240	4.760	1.330
		Zuschlagsgrundlagen	Fertigungslöhne 13.000	Fertigungslöhne 8.000	Herstellkosten des Umsatzes 24.410	
		Zuschlagssätze	9 %	53 %	19,5 %	5,45 %

Dieser Betriebsabrechnungsbogen zeigt, das im ersten Schritt die Gemeinkostenarten aus der Kostenartenrechnung anhand von Schlüsseln auf die Kostenstellen umgelegt werden.

Die Funktionsweise eines Betriebsabrechnungsbogens

„Die erste Spalte rechts im BAB enthält die Namen der Kostenarten und die zweite Spalte die EURO-Beträge der Kostenartenrechnung. Die Verteilung der Gemeinkosten wird von links nach rechts ausgeführt. Die Spalte zwei wird auf die aufnehmenden Kostenstellen verteilt. Die verteilten Kosten werden in der jeweiligen Kostenstelle aufaddiert. Diese Kostenstellengemeinkosten ('Stellen'-Gemeinkosten) müssen den einzelnen Erzeugnissen, die sie beansprucht haben, zugeschlagen werden. Dies geschieht mit Hilfe der Gemeinkostenzuschlagssätze (Zuschlagssätze). Das Fertigungsmaterial in Form der 'Aufwendungen für die Rohstoffe' stellt die Einzelkosten für den Gemeinkostenblock 'Material' dar und ist damit die geeignete Bezugsgröße für die anschließende Berechnung des Zuschlagssatzes.

Für die Gemeinkosten des Materialbereiches in der oben'
dargestellten Tabelle sieht die Berechnung des Zuschlagssatzes wie folgt aus: Die Fertigungsgemeinkosten in Höhe
von 1.170 TEURO werden durch das Fertigungsmaterial in Höhe von 13.000 TEURO dividiert und mit 100 % multipliziert.
Der Materialgemeinkosten-Zuschlagssatz lautet dann 9%.
Die Berechnung der anderen Gemeinkostenzuschlagssätze
für den Fertigungsbereich, den Verwaltungsbereich und den
Vertriebsbereich geschieht auf die gleiche Weise wie für den
Materialbereich. Die Kostenträgerrechnung nimmt diese
Zuschlagssätze als Grundlage ihrer Kalkulation.

Wozu dienen Zuschlagssätze?
Die Gemeinkostenzuschlagssätze sind für die Kalkulation
der Produkte notwendig. Insbesondere können in der Kostenträgerrechnung Aussagen getroffen werden, wie viel ein
Produkt kostet. Ferner dient die Zuschlagskalkulation im
Betriebsabrechnungsbogen einer wirksamen Kostenkontrol-
le. Die Gemeinkosten können an den Stellen ihrer Entstehung kontrolliert werden" (Bachert, Lerneinheit 2, 2003,
S. 27-28).

Der im Text abgebildete Betriebsabrechnungsbogen gehört zu
den so genannten einstufigen Betriebsabrechnungsbögen. In der
Praxis der NPO kann es notwendig werden, mehrstufige Betriebsabrechnungsbögen einzusetzen. Die Gemeinkostenstellen
werden dabei mehrstufig bzw. in mehreren Schritten umgelegt.

Einstufiger
Betriebsabrech-
nungsbogen?

Die Arten der Kostenstellen

In Kapitel 1 wurden die drei wichtigsten Arten der Kostenstellen bereits genannt. Für die folgenden Beispiele sollen
diese drei Arten kurz wiederholt werden. Die Bildung von
Kostenstellen erlaubt es den Budgetverantwortlichen die Kosten (und Leistungen) ihres Bereiches für die betrieblichen
Steuerungszwecke über Auswertungen (Betriebsabrechnungsbögen, betriebswirtschaftliche Auswertungen etc.) zur Verfügung gestellt zu bekommen.

Welche Arten
von Kosten-
stellen gibt es?

Die Kostenstellenrechnung kennt verschiedene Arten von
Kostenstellen. Die drei wichtigsten Vertreter in der Praxis der
NPO sind:

Was sind
Hilfs-, Haupt-
und Hierarchie-
kostenstellen?

- Hilfskostenstellen
- Hauptkostenstellen und
- Hierarchiekostenstellen

Erwähnt werden soll, dass die Theorie vier Arten von Kosten-
stellentypen unterscheidet (Olfert, 2001, S. 142):

115

Abb. 30: Arten von Kostenstellen nach Olfert

Arten von Kostenstellen nach Olfert
• Funktionsorientierte Kostenstellen • Raumorientierte Kostenstellen • Organisationsorientierte Kostenstellen • Rechnungsorientierte Kostenstellen

In Kapitel 4.2 soll ein Beispiel für Kostenstellen in der Praxis der Nonprofit-Organisation beschrieben werden. An dieser Stelle werden die Kostenstellenarten nicht weiter vertieft.

Der Kostenstellenplan

Die Kostenstellen werden für die Belange der betrieblichen Handhabung in der Praxis der Nonprofit-Organisation in der Regel in einem so genannten Kostenstellenplan dargestellt.

Was ist ein Kostenstellenplan?

Der *Kostenstellenplan* soll zum einen der Finanzbuchhaltung aber auch der Kosten- und Leistungsrechung aufzeigen, welche Kostenstellen es in der Organisation gibt. Dies ist unbedingt erforderlich, da die Kostenstellen bereits in der Finanzbuchhaltung mit Zweckaufwand und -leistungen gebucht werden. Die Mitarbeiter in der Finanzbuchhaltung müssen wissen, auf welchen Kostenstellen sie, neben dem Konto buchen können. Aus diesem Grund müssen die Kostenstellen sowohl in der Finanzbuchhaltungssoftware als auch in der Kosten- und Leistungsrechnungssoftware angelegt und gepflegt werden. Ferner sollen alle Mitarbeiter, die mit den Kostenstellen umgehen müssen transparent aufgezeigt bekommen, welche Kostenstellen es in der Organisation gibt. Sie erhalten die Information darüber, um welche Kostenstellenart es sich handelt, welche Nummer die Kostenstellen haben, wer dafür verantwortlich ist und zu welchen Hierarchiekostenstellen die Hilfs- und Hauptkostenstellen zusammengefasst werden.

Je nach Anforderung und individueller Einsatzart können die Kostenstellenpläne mehr oder weniger Informationen enthalten. Die Funktionen/Personen die in der Nonprofit-Organisation den Kostenstellenplan erhalten sind:

Wer erhält den Kostenstellenplan?

Abb. 31: Personen/Funktionen Kostenstellenplan

Funktionen/Personen die mit den Kostenstellenplan arbeiten
• Geschäftsführung • Controlling • Personalwesen • Qualitätsmanagement • Finanz- und Rechnungswesen • Sekretariate • Budget- und Kostenstellenverantwortliche!!! • etc.

Weitere Funktionen oder Personen sind einrichtungsindividuell zu bestimmen.

Ein Beispiel eines Kostenstellenplanes aus der Praxis (auszugsweise) stellt sich wie folgt dar: Kostenstellenplan für das Seniorenzentrum Rommelshausen (Bachert 2003, S. 1/4.4, S. 5-7).

Abb. 32: Kostenstellenplan, Bachert [Hrsg.], 2003 (auszugsweise), S. 1/4.4 S. 5-7

Kostenstellenplan			
KostArt	Nummer	Bezeichnung Kostenstelle	Verantwortlicher
H	999999	Die Gesamteinrichtung	Geschäftsführung
Im folgenden werden die Hilfskostenstellen aufgelistet			
H	900000	Alle Hilfskostenstellen einschließlich Geschäftsführung Des Bereichs 1	Geschäftsführung
H	910000	Hierarchiekostenstelle Geschäftsführung	Geschäftsführung
B HI	100001	Geschäftsführung laufend	Geschäftsführung
...			
Hier beginnen die Hauptkostenstellen der Vollstationären Pflege Haus St. Johann			
H	930000	Gesamt Pflege	Herr Johanna
B HI	300001	Hilfskostenstelle Pflege	Herr Johanna
B KT	300002	Investitionskosten Pflege	Herr Johanna
B HI	300003	Zwischenhilfskostenstelle Vollstationäre Pflege als Hiko-Aufnahmekostenstelle je nach Detailierungsgrad und Schlüsselung auch mehrere	Herr Johanna
B KT	300004	Unterkunft und Verpflegung	Herr Johanna
H	931000	Team I Pflege (Hierarchie, rein additiv)	Herr Johanna
B HI	310001	Team I Pflegepersonal (PK + SK)	Herr Johanna
H	932000	Team II Pflege (Hierarchie, rein additiv)	Herr Johanna
B HI	320001	Team II Pflegepersonal (PK + SK)	Herr Johanna
Hier beginnt die Unterteilung nach Pflegeteams und ausgewälte Kostenträger(-Kostenstellen)			
H	931000	Pflege Team I Pflege	Herr Johanna
B HI	310001	Team I Pflegepersonal (PK + SK)	Herr Johanna
B KT	311000	Pflege Team I Pflegestufe 0	Herr Johanna
B KT	312000	Pflege Team I Pflegestufe I	Herr Johanna
B KT	313000	Pflege Team I Pflegestufe II	Herr Johanna
B KT	314000	Pflege Team I Pflegestufe III	Herr Johanna
B KT	315000	Pflege Team I Härtefälle	Herr Johanna
	Etc.	Etc. Pflege Team II Pflegepersonal (PK + SK)	

Was bedeuten die Abkürzungen in diesem Kostenstellenplan?

Die Abkürzungen

Die Abkürzungen in der ersten Spalte des Kostenstellenplanes verdeutlichen um welchen Typ von Kostenstelle es sich handelt:

B = Bebuchbare/Basis Kostenstelle
B steht dabei für Basis- oder bebuchbare Kostenstelle. In der Regel
handelt es sich dabei um die Hilfs- oder Hauptkostenstellen. Die
Hierarchiekosten-stellen sollten nicht bebucht werden. Sie entstehen
durch die Addition der beiden anderen Kostenstellen: Hilfs- und
Hauptkostenstellen.

H = Hierarchiekostenstelle
H bedeutet, dass es sich um eine Hierarchiekostenstelle handelt.
Diese Art der Kostenstelle weder in der Finanzbuchhaltung noch in
der Kosten- und Leistungsrechnung aktiv durch Mitarbeiter der
Verwaltung bebucht. Sie er-hält Ihre Zahlen aufgrund der Addition
der in sie hineinverdichteten Basis-kostenstellen (Hilfs- und
Hauptkostenstellen).

HI = Hilfskostenstelle
HI heißt, dass diese Kostenstelle eine so genannte Hilfskostenstelle
ist. Sie dient der Aufnahme der Gemeinkosten.

KT = Kostenträger (Kostenstelle)/Hauptkostenstelle
KT stellt die so genannten Kostenträgerkostenstellen dar. In diesem
Fall handelt es sich um Hauptkostenstellen, die gleichzeitig mit
einem Kostenträger zusammenfallen.

Die Umlagen

Einrichtungen im Nonprofit-Bereich, die sich entschieden haben offen und transparent mit dem Thema Umlagen umzuge-
hen, haben einen hohen partizipativen Anspruch an ihr Con-
trolling-Konzept.

Was hat es mit den sagen-umwobenen Umlagen auf sich?

Sie machen durch diese Vorgehensweise den Kostenstellenverantwortlichen deutlich, welche Gemeinkosten in der Organisation anfallen und von den Kostenträgern oder Hauptkos-
tenstellenbereichen zu tragen sind. Sie haben sich ferner für
eine transparente Darstellung der Gemeinkosten und die Kommunikation über die Höhe der Gemeinkosten und der dahinter
stehen-den Umlageschlüssel entschieden. Dies erfordert einen
offenen Umgang mit allen in der Organisation angefallen Kosten und in der Folge auch mit den Leistungen. Diese Handhabung ist in den Nonprofit-Organisationen nicht weit verbreitet,
setzt sich jedoch immer mehr in der Praxis durch!

Was versteht man unter der Umlage?

Definition der Umlage

Unter Umlage wird in der Praxis der Nonprofit-Organisation verstanden, dass die Gemeinkosten, die auf den Hilfskostenstellen erfasst sind, auf andere Hilfs- oder auch Hauptkostenstellen umge-
bucht werden. Die Hilfskostenstellen werden dabei teilweise auch
oder auch vollständig von diesen Kosten entlastet, die Hauptkostenstellen mit ihnen belastet.

Die Zwei Möglichkeiten der Umlage in der Nonprofit-Organisation

Die Umlage der Kosten kann so erfolgen, dass entweder die Summe der Hilfskostenstelle vollständig auf die betroffenen Hauptkostenstellen umgelegt wird oder aber dass kostenarten-bezogen vorgegangen wird.

Bei der ersten Form der Umlage werden alle Kostenarten der Hilfskostenstelle aufaddiert und anhand eines vorgegebenen Schlüssels auf die Hauptkostenstellen umgelegt. Diese Form der Umlage bezeichnen wir als kostenstellenbezogene Umlage.

Kostenstellen-bezogene Umlage

Bei der zweiten Form der Umlage wird für jede Kostenart, die auf der Hilfskostenstelle gebucht ist festgelegt, mit welchem Schlüssel und mit welchem Anteil die Kostenart auf die nachfolgenden Hauptkostenstellen verbucht werden soll.

Kostenarten-bezogene Umlage

Zu jeder der Möglichkeiten soll im folgenden Text ein Beispiel die Vorgehensweise verdeutlichen.

1. Die (hilfs-)kostenstellenbezogene Umlage
Die *Hilfskostenstelle Geschäftsführung* dieser Einrichtung (s. Abb. 33, S. 120) verursacht 8.000 Euro Gemeinkosten bestehend aus Kosten für Löhne und Gehälter (Personalkosten) 6.000 Euro und Sachkosten in Höhe von 2.000 Euro. Diese Kosten werden vollständig in einer Summe auf die Hauptkostenstelle Betreuung umgelegt. Für die Zwecke eines transparenten Ausweises der Gemeinkosten bzw. der Kosten die von den Hilfskostenstellen auf die Hauptkostenstelle umgelegt werden, ist in diesem Beispiel zusätzlich eine Kostenart angelegt worden. Die Kostenart 799 999 heißt Gemeinkosten und weist die umgelegten Kosten der Hilfskostenstelle aus. Der Kostenstellenverantwortliche kann auf diese Art sehen, welche Kosten er originär verursacht hat und verantworten muss und welche ihm belastet werden. Im Beispiel sind dies einerseits die Löhne und Gehälter sowie die Sachkosten in Höhe von 90.000 Euro und andererseits die Kosten auf der Kostenart 799 999 Gemeinkosten in Höhe von 8.000 Euro.

2. Die kostenartenbezogene Umlage
Auch die *Hilfskostenstelle Geschäftsführung* dieser Einrichtung (s. Abb. 34, S. 120) verursacht 8.000 Euro Gemeinkosten bestehend aus Kosten für Löhne und Gehälter (Personalkosten) und Sachkosten. Diese Kosten werden vollständig auf die Hauptkostenstelle Betreuung umgelegt. Jedoch geschieht dies nicht in einer Summe, sondern für die Zwecke eines transparenteren Ausweises auf der Hauptkostenstelle und aufgrund einer genaueren und detaillierteren Umlage kostenartenbezogen. D.h.

Abb. 33: Die (hilfs-)kostenstellenbezogene Umlage

Kostenstelle: Geschäftsführung

Kostenarten-nummer	Kostenarten-Bezeichnung	*Euro* *Ist*
610 000	Löhne und Gehälter	6.000,00
640 000	Sachkosten	2.000,00
Summe Aufwendungen		*8.000,00*

Automatische EDV-technische Umlage mit Hilfe einer Schnittstelle →

Kostenstelle: Betreuung

Kostenarten-nummer	Kostenarten-Bezeichnung	*Euro* *Ist*
610 000	Löhne und Gehälter	80.000,00
640 000	Sachkosten	10.000,00
799 999	Gemeinkosten	8.000,00
Summe Aufwendungen		*98.000,00*

Abb. 34: Die kostenartenbezogene Umlage

Kostenstelle: Geschäftsführung

Kostenarten-nummer	Kostenarten-Bezeichnung	*Euro* *Ist*
610 000	Löhne und Gehälter	6.000,00
640 000	Sachkosten	2.000,00
Summe Aufwendungen		*8.000,00*

Automatische EDV-technische Umlage mit Hilfe einer Schnittstelle →

Kostenstelle: Betreuung

Kostenarten-nummer	Kostenarten-Bezeichnung	*Euro* *Ist*
610 000	Löhne und Gehälter	80.000,00
640 000	Sachkosten	10.000,00
799 100	Personal-Gemeinkosten	6.000,00
799 200	Sach-Gemeinkosten	2.000,00
Summe Aufwendungen		*98.000,00*

jede Kostenart wird im Einzelnen auf die definierten Kostenarten der aufnehmenden Kostenstellen umgelegt. Der Umlageschlüssel und die Höhe der Umlage müssen für jede Kostenart vorab definiert werden. In diesem Beispiel sind zwei zusätzliche Kostenarten angelegt worden. Die Kostenart 799 100 heißt Personal-Gemeinkosten und die Kostenart 799 200 heißt Sach-Gemeinkosten. Sie dienen der Aufnahme der Gemeinkosten bei dieser Umlagetechnik.

Der Kostenstellenverantwortliche kann auch bei dieser Umlagetechnik nachvollziehen, welche Kosten er originär verursacht hat und verantworten muss und welche ihm als Gemeinkosten belastet werden. Er hat ferner die Möglichkeit die Bestandteile der Gemeinkostenblöcke differenziert zu betrachten.

Aus heutiger Sicht ist die kostenartenbezogene Umlage ein K.O.-Kriterium an die zu beschaffende Rechungswesen- und Kosten- und Leistungsrechnungssoftware. Diejenige Software, die dies nicht leistet, kommt für den Einsatz in der Nonprofit-Organisation nicht in Betracht. Das heißt jedoch nicht, dass die Organisationen die bisher die kostenstellenbezogene Umlage praktizieren, weil die Software nur zu dieser in der Lage ist, die Software abschaffen sollen. Der Hinweis bezieht sich eher auf Einrichtungen, die vor der Entscheidung stehen, eine neue Software anzuschaffen. Diese sollten sich für die optimale Software entscheiden und keine Kompromisse eingehen.

K.O.-Kriterium an die EDV

4.2 Praxisbeispiel „Pflegeglück"

Das folgende Praxisbeispiel soll anhand eines Organigrammes einen Wegweiser und einen Kostenstellenplan für eine Nonprofit-Organisation darstellen. Verwendung findet die in Kapitel 1.2 vorgestellte Altenpflege-Organisation. Ergänzend werden alle Gesichtspunkte, die für ein Praxisverständnis dieses Themas von Bedeutung sind, erläutert.

Das Organigramm der Organisation „Pflegeglück" stellt sich wie folgt dar.

Abb. 35: Organigramm Organisation „Pflegeglück"

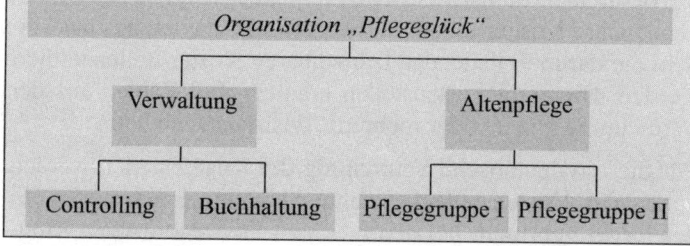

Grafische Darstellung der Kostenstellen

Wie kann die Kostenstellenstruktur anhand eines Organigramms entwickelt werden?

Die grafische Darstellung dieses Organigramms bezogen auf die Kostenstellenstruktur lässt sich wie folgt abbilden.

Abb. 36: Organisation „Pflegeglück": Hilfs-, Haupt- und Hierarchiekostenstellen

Hilfskostenstellen		Hauptkostenstellen		*Hierarchiekostenstellen*
Verwaltung		*Altenpflege*		
Controlling	*Buchhaltung*	*Pflege-gruppe I*	*Pflege-gruppe II*	*Bebuchbare Kostenstellen*
Hilfs-kostenstelle	Hilfs-kostenstelle	Haupt-kostenstelle	Haupt-kostenstelle	

Die obige Abbildung zeigt grundlegend zwei Bereiche der Einrichtung auf:

• den Bereich der eigentlichen Leistungserstellung in Form der Altenpflege und

• den Dienstleistungsbereich in Form der Verwaltung.

Die *Altenpflege* ist unterteilt in die *Pflegegruppe I und II*. Beide Pflegegruppen werden in der Kostenstellenrechnung als so genannte bebuchbare oder auch Basis – Hauptkostenstellen abgebildet. Die *Verwaltung* teilt sich auf in das *Controlling* und die Buchhaltung. Es handelt sich dabei um bebuchbare Hilfskostenstellen.

Diese Hilfs- und Hauptkostenstellen sind bebuchbare Kostenstellen in der NPO. Sie werden mit den Daten aus den konkreten Geschäftsvorfällen versehen. Kauft die Einrichtung beispielsweise Büromaterial ein wird der Buchhalter direkt beim Buchungsvorgang das Konto und die betreffende Kostenstelle, den Betrag und den Buchungstext buchen.

Die Kostenstellen Verwaltung und Altenpflege sind so genannte Hierarchiekostenstellen. Hierarchiekostenstellen sind nicht bebuchbare Kostenstellen. Sie werden mit Zahlen bestückt indem die darunter liegenden bebuchbaren Kostenstellen addiert werden. Hierarchiekostenstellen erhalten ihre Zahlen aus der Verdichtung zweier oder mehrerer Basiskostenstellen.

Die Nummerierung der Kostenstellen?

Für die EDV-technische Verareitung der Kostenstellen werden neben der Kostenstellenbezeichnung Nummern benötigt. In der Regel geht man bei den heutigen EDV-technischen Möglichkeiten von einer sechsstelligen Nummernsystematik aus. Bei der Vergabe der Nummern gibt es keine gesetzlichen Vorgaben, teilweise jedoch Empfehlungen z.B. macht die Pflegebuchführungsverordnung einen Vorschlag für eine Kostenstellenstruktur.

Die Nummerierung der Kostenstellen sollten sich an zwei Grundsätzen orientieren:

a) Kommunizierbarkeit
b) Logik

Kommunizierbarkeit

Das bedeutet, dass die Nummernfolge für die Anwender der Kostenstellen was deren Struktur angeht einer gewissen Systematik folgen sollte. Dabei ist darauf zu achten, dass z.B. ein Bereich eine ganz bestimmt Zahl an der ersten Stelle erhalten kann. So könnte in diesem Beispiel die Verwaltung die führende Ziffer 0 erhalten. Dadurch würde zweierlei verdeutlicht:

Was versteht man unter Kommunizierbarkeit der Kostenstellen?

a) Sie erwirtschaftet selbst keine Erträge. Der Hauptleistungsbereich ist die Altenpflege.
b) Sie kommt im Organigramm rechts vor der Altenpflege. Hätte die Organisation mehrere Leistungsbereiche müssten die rechts folgenden entsprechend ihrer Stellung im Organigramm aufsteigende Nummern erhalten.

Die Altenpflege hätte die führende Ziffer 1. Übernimmt die Organisation einen weiteren Leistungsbereich würde dieser die führende Ziffer 2 erhalten etc.

Eine weitere Unterscheidung aufgrund der Nummern der Kostenstellen könnte getroffen werden, indem Hilfs- und Hauptkostenstellen voneinander unerschieden werden. Dies könnte dadurch geschehen, dass die Hilfskostenstellen an der zweiten Stelle eine 0 aufweisen.

Ferner ist anzudenken, ob die Hierarchiekostenstellen eine eigene führende Nummer erhalten sollen. Diese Maßnahme würde sich positiv darauf auswirken, dass eine klare Trennung zwischen den Hierarchiekostenstellen und den anderen bebuchbaren oder Basiskostenstellen hergestellt würde. Die im Rechnungswesen Beschäftigten erkennen dann anhand der Nummer, dass es sich um Hierarchiekostenstellen handelt. Diese Kostenstellen sind für manuelle Buchungen gesperrt. Insofern kann die 9 an erster Stelle reserviert werden für die Hierarchiekostenstellen. 9 = Hierarchiekostenstelle. Diese *Signalwirkung* wird dringend benötigt, um Fehler bei der Bebuchung der Kostenstellen zu vermeiden. Diese Kostenstellen sind für automatische Buchungen vorgesehen und sollen lediglich die Addition der Basiskostenstellen leisten. Natürlich könnten diese Kostenstellen auch über einen Sperrvermerk in der EDV vor manuellen Buchungen geschützt werden und werden dies in der Praxis auch. Dennoch kann diese EDV-technische Vorkehrung von versierten Mitarbeitern umgangen werden. Ferner sollen die Kostenstellenverantwortlichen wissen, dass es sich bei Kostenstellen mit einer 9 am Anfang um Hierarchiekostenstellen ihres Bereiches handelt.

Logik
Der Rest ist Logik! Die restliche Nummerierung der Kostenstellen folgt der Logik der aufsteigenden Zahl. So können die anderen Kostenstellennummerierung anhand der Stellung in der Kostenstellengraphik erfolgen. Zunächst soll ein Beispiel eines Kostenstellen – Wegweisers dargestellt werden. Im Anschluss an den Kostenstellenwegweiser wird eine Möglichkeit der Nummerierung anhand der obigen Festlegungen aufgezeigt.

Der Kostenstellenwegweiser

Wie sehen die Elemente der Kostenstellenrechnung in der Praxis aus: Kostenstellenweiser und Kostenstellenplan?

Jede Organisation, die ein partizipatives Controlling betreibt, sollte zur verständlichen Darstellung Ihrer Kostenstellenstruktur auf einen so genannten Kostenstellenwegweiser zugreifen. Ein Kostenstellenwegweiser hilft allen an der Kostenrechnung Beteiligten einen Überblick über die Struktur der Kostenstellen zu erhalten.

Abb. 37: Kostenstellen-Wegweiser „Pflegeglück"

Kostenstellen-Wegweiser für die Organisation „Pflegeglück"						
Bedeutung der Zahlen an der entsprechenden Stelle	Die Position					
Bereich Verwaltung	0					
Bereich Altenpflege	1					
Eine „0" an dieser Stelle bedeutet, dass es sich um eine Hilfskostenstelle dieses Bereiches handelt		0				
Eine „1" an der dritten Stelle bedeutet, dass es sich um die erste Kostenstelle in diesem Bereich handelt			1			
Hierarchiekostenstelle	9					
Hierarchiekostenstelle des Bereiches 0	9	0				
Hierarchiekostenstelle des Bereiches 1	9	1				
Ggf. weitere Hinweise je nach Einrichtung						

Der Kostenstellenplan
Der Kostenstellenplan sollte immer die folgenden Felder als Mindest-Feld-Anforderung ausweisen.

124

Mindeststandard Kostenstellenplan

- Bezeichnung der Kostenstelle
- Nummer der Kostenstelle
- Name des Kostenstellenverantwortlichen
- Hierarchiekostenstellen-Nummer

Der Kostenstellenplan der Einrichtung „Pflegeglück" stellt sich wie folgt dar:

Abb. 38: Kostenstellenplan „Pflegeglück"

Kostenstellenplan Organisation „Pflegeglück"			
Bezeichnung d. Kostenstelle	Nummer der Kostenstelle	Name des Kostenstellen- verantwortlichen	Hierarchie- kostenstellen- Nummer
Controlling	001 000	Frau Controlls	900 000
Buchhaltung	002 000	Herr Buchhalt	900 000
Verwaltung	900 000	Herr Verwalt	999 999
Pflegegruppe I	101 000	Herr Pflegeeins	910 000
Pflegegruppe II	102 000	Frau Pflegezwei	910 000
Altenpflege	910 000	Frau Altenpflege	999 999
		Alle Kostenstellen werden in die oberste Hierarchie-Kostenstelle mit der Nummer 999 999 verdichtet. Das heißt, die 999 999 spiegelt das Gesamtergebnis der Einrichtung wider!	
Pflegeglück	999 999	Frau Gesamtchef – keine weitere Hierarchiesie- rung möglich –	

4.3 Ein interaktives Gespräch zur Kostenstellenrechnung „Umlagen"

Beteiligte an einem Gespräch zur *Entwicklung von Grundlagen für die Handhabung der „Umlagen"* in der Organisation Pflegeglück sind die folgenden Mitarbeiterinnen und Mitarbeiter der Organisation „Pflegeglück":

Wie kann das Thema der Umlagen bzw. der Gemein- kostenvertei- lungsschlüssel partizipativ diskutiert werden?

Name	Funktion	Beruf
Maxi Controlls	Controllerin	Betriebswirtin
Otto Buchhalt	Buchhalter	Bürokaufmann
Heinz Pflegeeins	PDL	Pfleger mit Zusatzqualifikation Pflegemanagement
Marei Pflegezwei	PDL	Pflegerin mit Zusatzqualifikation Pflegemanagement

Frau Pflegzwei ist zur Vorsitzenden dieser Arbeitsgruppe von der Geschäftsführung benannt worden und begrüßt die Anwesenden.

Frau Pflegzwei: Liebe Kollegen und liebe Kollegin, ich begrüße Sie/euch ganz herzlich zu dieser Sitzung an diesem wunderschönen und heißen Sommertag. Wir haben ausreichend Trinkwasser bestellt, um nicht komplett zu dehydrieren. Ja, Heinz?

Herr Pflegeeins: Grundsätzlich finde ich es gut, dass wir uns über dieses Thema unterhalten. …

Frau Pflegzwei: Danke Heinz, das dachte ich mir schon, dass du das gut findest. Es geht in dieser Besprechung darum, eine sinnvolle Umlagesystematik für unsere Organisation zu entwickeln. Alle Personen mit Kostenstellenverantwortung sollen diese Regelungen akzeptieren und mittragen können. Ich habe mir im Vorfeld Gedanken gemacht und ein paar grundlegende Gesichtspunkte formuliert. Ich hätte dann vor allem an die Kollegin Controlls und an dich, Otto, die Frage: Wie wir diese Gesichtspunkte in die Praxis umsetzen können. Also m.E. müssten die folgenden Gesichtspunkte sichergestellt werden:

- Transparente Findung und Implementierung der Umlageschlüssel
- Gerechte Verteilung der Gemeinkosten bezüglich der anteiligen Kosten
- transparente Darstellung der Verteilung /Kostenbelastung
- Festlegung der institutionalisierten Kommunikation über die Schlüssel und die Höhe der Umlagen z.B. im Rahmen der Wirtschaftsplangespräche einmal im Quartal oder einmal im Jahr

Herr Buchhalt: Ja, wobei ich dies aus meiner etwas beschränkten Sichtweise als Buchhalter heraus sage. Ich bin in Sachen Kosten- und Leistungsrechnung oder operatives Controlling nicht so fit!
Ich hätte jedoch einen Vorschlag für das Vorgehen, um eine Regelung für die Praxis zu finden:

Frau Controlls: Ja, mach doch mal. Ich melde mich dann, wenn ich massiven Ergänzungsbedarf verspüre.

Herr Buchhalt: Gut dann fange ich einfach mal an. Ich habe mir erlaubt unseren Kostenstellenplan bezüglich der HIKOS zu ergänzen.

Herr Pflegeeins: Also, wenn Sie mir kurz erklären würden, was um Himmelswillen HIKOS sind, wäre ich Ihnen sehr verbunden. Es ist heute eh schon heiß genug, da liegt meine kognitive Leistung stark vermindert vor ...

Herr Buchhalt: Ja, gerne Herr Pflegeins. Wobei ich grundsätzlich davon ausgehe, dass alle Beteiligten in dieser Besprechung sich mit den Arten der Kostenstellen auskennen. Gut. Also die Abkürzung HIKOS ist die Mehrzahl von HIKO. HIKO steht für Hilfskostenstelle. In diesem Zusammenhang würde ich gerne auch die Begriffe: HIERKO für Hierarchiekostenstelle und HAUKO für Hauptkostenstelle einführen.

Frau Controlls: Das finde ich einfach super. Auf diese Weise erhalten die Bezeichnungen fast etwas menschliches und emotionales ... das macht es irgendwie einfacher, dieses trockenen Thema anzugehen. Sehr nett.

Herr Buchhalt: Sehr schön, dass es dir gefällt Maxi. Ich lege jetzt den Kostenstellenplan auf den Überkopfschreiber ....

Abb. 39: Kostenstellenplan „Pflegeglück" mit Geschäftsführung

Kostenstellenplan Organisation „Pflegeglück"			
Bezeichnung d. Kostenstelle	Nummer der Kostenstelle	Name des Kostenstellen- verantwortlichen	Hierarchie- kostenstellen- Nummer
Geschäftsführung	000 000	Frau Gesamtchef	900 000
Controlling	001 000	Frau Controlls	900 000
Buchhaltung	002 000	Herr Buchhalt	900 000
Verwaltung	900 000	Herr Verwalt	999 999
Pflegegruppe I	101 000	Herr Pflegeeins	910 000
Pflegegruppe II	102 000	Frau Pflegezwei	910 000
Altenpflege	910 000	Frau Altenpflege	999 999

Welche Hilfskostenstellen werden für die Umlage benötigt, bzw. was wird umgelegt?

... wie ihr sehen könnt, habe ich mir erlaubt eine zusätzlich Kostenstelle im Bereich der HIKO einzufügen. Es handelt sich dabei um die Kostenstelle mit den vielen Nullen 000 000 steht für die Geschäftsführung.

Herr Pflegeeins: Ich finde das emotional nicht gerechtfertigt, unsere Chefin an dieser Stelle als 6-fache Null hinzustellen.

Frau Pflegzwei: So kann man es auch sehen! An dieser Stelle gibt es aber ja eine logische Erklärung. Sie kommt rein vom Kostenstellenplan als HIKO vor den anderen beiden Hilfskostenstellen. Insofern ist daran nichts emotionales oder abwertendes. Wir können es ja zunächst als Vorschlag so stehen lassen.

Herr Buchhalt: Ja gut. Wenn ich es richtig sehe, geht es jetzt darum folgende Kostenstellen umzulegen. Die folgende Folie soll dies verdeutlichen ...

Abb. 40: Hilfskostenstellenplan Pflegeglück

Bezeichnung der Hilfskostenstelle	Nummer der Kostenstelle
Geschäftsführung	000 000
Controlling	001 000
Buchhaltung	002 000

Frau Pflegzwei: Korrekt, Otto! Hast du dir denn auch Gedanken über die Umlageschlüssel gemacht?

Herr Buchhalt: Ja, und zwar dachte ich mir, dass Frau Gesamtchef ihre Arbeitszeit für die Bereiche Altenpflege I und II ermittelt und wir sie anhand ihrer Leistungen für diese beiden Bereiche umlegen.

Herr Pflegeeins: Selbst auf die Gefahr hin, dass ich mich unbeliebt mache, könnten wir mit etwas mehr Respekt von unserer Chefin sprechen. Ich will sie eigentlich gar nicht umlegen.

Frau Pflegzwei: Lieber Heinz, ich bin mir bewusst, dass du dein Herz an ... äh die Pflege vergeben hast und deshalb mit diesen Begriffen nur wenig anfangen kannst, aber irgendwie habe ich das Gefühl, dass wir das alles zumindest theoretisch schon zig mal durchgekaut haben. Ich würde dich von daher bitten zuerst kurz nachzudenken bevor du etwas sagst.

Frau Controlls: Na ja so ganz unrecht hat er ja nicht. Umlage, umlegen etc. hört sich schon komisch an. Es bedeutet jedoch ganz schlicht, dass wir die Kostenstelle der Geschäftsführung von den Gemeinkosten entlasten wollen. Belastet wird die betreffende Hauptkostenstelle mit den Gemeinkosten. Ach ja und Gemeinkosten heißt es nicht deshalb, weil Sie gemein sind und von unserer Chefin verursacht werden, sondern weil Sie nicht direkt dem Kostenträger also dem Produkt zugerechnet werden können.

Welche Schlüssel bieten sich für die Umlage an?

Herr Buchhalt: Ja genau, dann danke ich und fahre fort ... Die folgende Folie zeigt welche Schlüssel ich angedacht habe ...

Abb. 41: Hilfskostenstellenplan im Verteilungsschlüssel „Pflegeglück"

Bezeichnung der Kostenstelle	Nummer der Kostenstelle	Schlüssel
Geschäftsführung	000 000	Arbeitszeit
Controlling	001 000	Anzahl der Berichte je Bereich
Buchhaltung	002 000	Anzahl der Buchungszeilen

... danach wird das Controlling, also die Leistungen von dir Maxi, anhand der Anzahl der Berichte, die du für jeden Bereich erbringst umgelegt. D.h. wir ermitteln die Gesamtmenge der von dir erstellten Berichte und schauen anschließend wie viel davon für den Pflegebereich I und wie viele für den Pflegebereich II angefallen sind. Das Verhältnis in Prozent gibt an wie viele Kosten der HIKO Controlling beide Bereiche an Gemeinkosten belastet bekommen.

Die Buchhaltung wird anhand der Buchungszeilen umgelegt. Ein Buchungssatz besteht in der EDV-Buchhaltung immer aus zwei Buchungszeilen. Über einen so genannten Zeilengenerator in der Buchhaltungssoftware könnte die Anzahl der Zeilen für jede Kostenstelle ermittelt werden. Auch hier würden wir das prozentuale Verhältnis ermitteln um die HIKO Buchhaltung auf die beiden HAUKOs zu verteilen.

Frau Pflegzwei: Ich finde die Vorschläge sehr gut! Wie sähe denn dann die Gemein-Kostenverteilung in einer transparenten Darstellung aus? Frau Controlls, können sie uns helfen???

Frau Controlls: Ja. Ich habe hier auch bereits etwas vorbereitet und kann gerade noch die Prozentsätze und Schlüssel ergänzen, so dass wir das folgendes Bild erhalten. … Die Hilfskostenstellen stellen sich vor der Umlage wie folgt dar.

Anmerkung: Frau Controlls ist auf der Höhe der Zeit und hat einen Beamer und ein Notebook dabei. Sie wirft die von Herrn Buchhalt geschilderte Umlageverteilung „Die (Hilfs-)Kostenstellenbezogene Umlage" an die Wand.

Abb. 42: Die Hilfskostenstellen

Kostenstelle: Geschäftsführung 00 00 00		
Kostenartennummer	*Kostenarten-Bezeichnung*	*EURO Ist – Gesamt*
610 000	Löhne und Gehälter	70.000,00
640 000	Sachkosten	10.000,00
Summe Kostenstelle		80.000,00

Kostenstelle: Controlling 00 10 00		
Kostenartennummer	*Kostenarten-Bezeichnung*	*EURO Ist – Gesamt*
610 000	Löhne und Gehälter	60.000,00
640 000	Sachkosten	10.000,00
Summe Kostenstelle		70.000,00

Kostenstelle: Buchhaltung 00 20 00		
Kostenartennummer	*Kostenarten-Bezeichnung*	*EURO Ist – Gesamt*
610 000	Löhne und Gehälter	50.000,00
640 000	Sachkosten	10.000,00
Summe Kostenstelle		60.000,00

Das wären also die Hilfskostenstellen mit ihren Werten. Diese müssen wir umlegen auf die Hauptkostenstellen. … und so sieht die Umlage aus. Ich gehe in diesem ersten Vorschlag

Abb. 43: Kostenstellenverteilung „Pflegeglück"

Abgebende Hilfskostenstelle			Kostenstelle Pflegegruppe I			Kostenstelle Pflegegruppe II	
Bezeichnung Hilfskostenstelle	EURO Ist Gesamt	Prozentwert	Bezeichnung Kostenart	EURO Ist Gesamt	Prozentwert	Bezeichnung Kostenart	EURO Ist Gesamt
			Personalkosten	1.000.000,00		Personalkosten	1.000.000,00
			Sachkosten	20.000,00		Sachkosten	20.000,00
			Summe	1.020.000,00		Summe	1.020.000,00
Geschäftsführung (GF)	80.000,00	50	GF-Gemeinkosten	40.000,00	50	GF-Gemeinkosten	40.000,00
Controlling (CO)	70.000,00	50	CO-Gemeinkosten	35.000,00	50	CO-Gemeinkosten	35.000,00
Buchhaltung (FIBU)	60.000,00	50	FIBU-Gemeinkosten	30.000,00	50	FIBU-Gemeinkosten	30.000,00
Summe der Umlagen	210.000,00		Summe mit Umlagen	1.125.000,00		Summe mit Umlagen	1.125.000,00

davon aus, dass die *Geschäftsführung* genau 50% ihrer Arbeitszeit in Pflegeteam I und 50% in Pflegeteam II verbringt. Da beide Teams gleich groß sind, habe ich auch bei meinen *Controlling*-Gemeinkosten die gleiche Verteilung bzw. Anzahl an Berichten für beide Teams unterstellt. Das müsste ich aber nochmals nachprüfen. Also auch 50% und 50%. Die *Buchhaltung* konnte ich konkret anhand der Zeilenzahlen vorschlagen. Diese habe ich aufgrund der gebuchten Geschäftsvorfälle ermittelt. Hier fielen 60.000 Zeilen im Pflegeteam I und im Pflegeteam II an. Das heißt auch hier 50:50.

Wie können Umlagen transparent dargestellt werden?

Es ergibt sich eine Umlagesystematik mit den Werten ... (s. Abb. 43, S. 130).

Frau Pflegzwei: Das ist ja ganz hervorragend, dass wir an diesem ersten Tag so weit kommen, hätte ich nicht gedacht.
Wir haben jetzt einen Visualisierungs-, Schlüssel- und Verteilungsvorschlag bezogen auf die Höhe der Kosten entwickelt. Ich denke, wir brechen hier ab, jeder nimmt diesen Vorschlag mit, wenn du ihn bitte für alle ausdruckst, Maxi!
Wir können uns ja nächste Woche wiedertreffen, um die Feinheiten zu besprechen. Vor allem aber sollten wir uns die Verteilung der Gemeinkosten und die Prozentsätze noch einmal anschauen. Das ging mir für heute doch etwas zu schnell!
Ich danke euch herzlich für das Engagement und wünsche einen guten Nachhauseweg!

4.4 Praxisnutzen

Welchen Praxisnutzen hat das Wissen um die in Kapitel 4 dargestellten Kostenstellen/Kostenstellenrechnung? Diese Frage soll kurz beantwortet werden.

Praxisnutzen

Die Kostenartenrechnung bildet die erste Stufe der Kostenartenrechnung, die Kostenstellenrechnung die zweite. Beide Rechnungen zusammen sind für die Bildung und Steuerung der Kostenstellen- oder Bereichsbudgets die zentralen Instrumente der Kosten- und Leistungsrechnung bzw. des operativen Controlling.

Planung, Steuerung ...

Soll-Ist-Vergleiche und Abweichungsanalysen erfordern das Vorhandensein der Kostenarten- und Kostenstellenrechnung für ein aussagekräftiges Berichtswesen. Das operatives Controlling bedient sich bezüglich seiner Instrumente bei der Kostenartenrechnung und der Kostenstellenrechnung.

Die Prozesse der Budgetierung fußen für die Detailplanung im Wirtschaftsplan auf den Kostenarten. Sie wird auf der Grundlage der (Konten) Kostenarten und den Kostenstellen durchge-

Dokumentation der Prozesse und Instrumente

führt. *Alle Kostenstellen müssen in einem Kostenstellenplan dokumentiert sein, so dass die Kostenstellenverantwortlichen Kenntnis darüber haben, für welche Kostenstellen sie verantwortlich sind. Die Prozesse der Kostenstellenbildung und die Frage der Umlage sollten partizipativ entwickelt, dokumentiert und angewendet werden.*

Qualifikation und Kommunikation

Budgetverantwortliche kann es nur geben, wenn es Budgetbereiche gibt. Budgetbereiche sind über die Kostenstellen einzurichten. Budgetverantwortliche müssen von daher grundlegend über die Funktion, die Arten und den Umgang mit Kostenstellen unterrichtet und geschult werden. *Die Kongruenz zwischen Dienst-, Fach- und Budgetverantwortung erfordert auch hier, dass Schulungsmaßnahmen zur Thematik der Kostenstellen angeboten werden.*

5. Die Kostenträger

Das Kapitel Kostenträger hat die vier gewohnten Unterkapitel in welchen die folgenden zentralen Fragen beantwortet werden sollen:

Didaktischer Fahrplan durch das Kapitel Kostenträger

Kostenträger	
Kapitelbezeichnung	*Zentrale Fragen dieses Kapitels*
Theorie und Praxis	• Wie sieht die Theorie zur Kostenträgerrechnung aus? • Welche Arten von Kostenträgerrechnungen gibt es? • Was versteht man unter der Kostenträgerstückrechnung? • Was bedeutet Kostenträgerzeitrechnung? • Was ist der Unterschied zwischen Kostenrechnungssystemen auf Vollkostenbasis im Gegensatz zur Teilkostenbasis?
Praxisbeispiel „Kostenträger" *Beispiel:* *Diakonisches Werk Württemberg Handbuch:* *Vergütungen/ Entgelte*	• Wie sehen die gesetzlichen Grundlagen der Leistungsbereiche in Bezug auf die Kostenträgerrechnung aus? • Wer sollte das Kalkulations-Know-how in der Organisation haben? • Wie sieht das konkrete Kalkulationsverfahren aus? • Wie sollte eine Kostenträgerrechnung grundsätzlich aufgebaut sein?
Ein Interaktives Gespräch zur Kostenträgerrechnung: *Deckungsbeitragsrechnung „Küche"*	• Wie funktioniert die Deckungsbeitragsrechnung? • Welche Annahmen müssen getroffen werden, um die Gesamtkosten in fixe und variable Kosten einzuteilen? • Wie kann eine sachliche Entscheidung getroffen werden, ob der Küchenbereich einer anderen Einrichtung übernommen werden kann oder nicht?
Der Praxisnutzen	• Welchen Praxisnutzen haben Budgetverantwortliche von der Kenntnis über die Kostenstellenrechnung?

Die Kostenträgerrechnung beantwortet die Frage:

Wofür oder für welches Produkt sind die Kosten angefallen?

Die Kostenträgerrechnung stellt die dritte Stufe der Kosten- und Leistungsrechnung dar.

Die Kostenarten- und -stellenrechnung sind für die Budgetierung und Steuerung von Kostenstellen oder Bereichen der Nonprofit-Organisation von zentraler Bedeutung. Die Kostenträgerrechnung beantwortet die Frage, für welches Produkt die Kosten angefallen sind. Durch die Zuordnung der entsprechenden Leistungen in Form der Pflegesätze, Investitionskostensätze, Regelentgelte etc. zu diesen Kosten kann die Aussage getroffen werden, ob das entsprechende Produkt bzw. der Kostenträger die Kosten die es/er verursacht deckt oder ob eine Finanzierungslücke zwischen Kosten und Leistungen besteht.

Die Aufgaben der Kostenträgerrechnung stellen sich wie folgt dar (Olfert, 2001, Seite 180):

Abb. 44: Die Aufgaben der Kostenträgerrechnung nach Olfert

Die Aufgaben der Kostenträgerrechnungnach Olfert
Die *Ermittlung der Kosten* der Kostenträger • stückbezogen • zeitbezogen
Die *Ermittlung des Erfolges* der Kostenträger • stückbezogen • zeitbezogen
Die Bereitstellung von *Informationen für die Preispolitik* zum Zwecke der Feststellung von • Angebotspreisen • Preisuntergrenzen
Die Bereitstellung von *Informationen für die Programmpolitik*, um die Kostenträger entsprechend ihrem Beitrag zum Unternehmensergebnis fördern oder eliminieren zu können.
Die Bereitstellung von *Informationen für die Beschaffungspolitik*, um Preisobergrenzen festzustellen und über Eigenfertigung oder Fremdbezug entscheiden zu können.
Die Bereitstellung von *Informationen für die Bestandsbewertung* der unfertigen und fertigen Erzeugnisse, die sich umso schwieriger gestaltet, je differenzierter der Fertigungsprozess ist.

Die Kostenträgerrechnung ist das Instrument der Kosten- und Leistungsrechnung, welches den wichtigsten Informationsbeitrag für die Steuerung und Führung von Nonprofit-Organisationen liefert. Sie ermittelt den Erfolg des Kostenträgers und zwar sowohl stück- als auch zeitbezogen. Diese differenzierte Ermittlung erfordert vor allem in der Sozialbranche ausgeklügelte Kostenträgerrechnungssysteme.

Vor allem für die *Entgelt- und Vergütungsberechnung* und die anschließenden *Verhandlungen* mit den Leistungsträgern im Bereich der Jugendhilfe, Altenpflege und Behindertenhilfe sind für jeden Leistungsbereich und beinahe jedes Bundesland eigene Kostenträgerstückrechnungssysteme im Einsatz. Diese orientieren sich zunächst an den bundesgesetzlichen Regelungen. Sie führen in der Folge, die in den entsprechenden Rahmenverträgen genannten Bestimmungen über die hinterlegten Kalkulationsmethoden aus. Das heißt, dass es „relativ" einfach ist die grundlegende Systematik der Kostenträgerrechnung zu erklären, die Anwendung in den Einrichtungen in den jeweiligen Bundesländern des entsprechenden Leistungsbereiches erfordert jedoch ein Spezialwissen. Dieses Know-how liegt in der Regel in den Spitzenverbänden der freien Wohlfahrtspflege und je nach den organisatorischen Gegebenheiten in den Landeswohlfahrtsverbänden bzw. Landschaftsverbänden vor.

Die folgende Tabelle gibt einen Überblick über die Bereiche der sozialen Arbeit, gesetzliche Bestimmungen und die Kostenträger bzw. Leistungsentgelte (s. S. 136).

„Mit zunehmender Differenzierung der Leistungsentgelte steigen in allen Bereichen der sozialen Arbeit die Anforderungen an eine ausgefeilte Kostenträgerrechnung. Pauschale Lösungen gibt es nicht (mehr). ... Für die Gestaltung der Kostenträgerrechnung muss daher in jeder sozialen Unternehmung in einem ersten Schritt die gesetzliche Finanzierungsgrundlage ermittelt werden, sodass deutlich wird, was vom Träger der Leistungen eigentlich bezahlt wird. Mit dieser Erkenntnis kann ein effektives Kalkulationsmodell der Kostenträgerrechnung ausgewählt und aufgebaut werden. In der klassischen Kostenträgerrechung werden zwei Ausprägungen an Kalkulationsmodellen unterschieden. Diese sind die Kostenträgerstückrechnung und die Kostenträgerzeitrechnung. Je nachdem welches Ziel mit der Kostenträgerrechnung erreicht werden soll, wird die eine oder andere Rechnungsmethode verwendet" (Bachert, 2003, Lerneinheit 2, S. 40).

Das Diakonische Werk Württemberg hat für das Land Baden-Württemberg die wichtigsten Kostenträgerstückrechnungen zur Kalkulation der Bereiche *Jugendhilfe, Altenpflege, Eingliederungshilfe und Arbeits- und Wohnungslosenhilfe* zusammengefasst und in einem Ordner allen Trägern von Einrichtungen der Diakonie – kostenlos – zur Verfügung gestellt. Im Kapitel: Praxisbeispiel Kostenträgerstückrechnung soll die

grundlegende Idee und die Funktionsweise dieses Standard-
werks für alle Leistungsbereiche geschildert werden. Das Ziel
des Handbuches ist es, dass durch die Standardisierung die angeführten wichtigen Aufgaben der Kostenträgerrechnung in
allen Einrichtungen der Sozialbranche erledigt werden und
dass sie flächendeckend zur Anwendung gelangt.

Abb. 45: Ausgewählte Bereiche sozialer Arbeit, Gesetze & Leistungsentgelt
(vgl. Bachert, 2003, Lerneinheit 2, S. 40)

Bereich der Sozialen Arbeit	*Gesetze*		*Leistungsentgelt:*
	Festlegung der Leistungen im ...	*Finanzbuchführung + Kosten- und Leistungsrechnung*	*Was bezahlt der Leistungsträger?*
Altenpflege	Sozialgesetzbuch	Pflegebuchführungsverordnung	Pflegevergütung differenziert nach Pflegestufen, nach Entgelt für Unterkunft und Verpflegung, Entgelt für Zusatzleistungen und Investitionsaufschlag Ab 1.1.2004 Anwendung der neuen Rahmenverträge in den Bundesländern mit einer Leistungs- und Qualitätsvereinbarung
Ambulante Pflege	Sozialgesetzbuch	Pflegebuchführungsverordnung	Pflegevergütung differenziert nach Leistungsmodulen (evtl. landesspezifische Abweichungen), Entgelt für Zusatzleistungen und Investitionsaufschlag
Jugendhilfe	Sozialgesetzbuch, Kinder- und Jugendhilfegesetz	nicht reglementiert (wirkungsvolle Kosten- und Leistungsrechnung aber nur bei Anwendung der doppelten Buchführung möglich)	bis 31.12.1998: In der Regel gedeckte Pflege-/Vergütungssätze nach landesspezifischen und kommunalen Regelungen ab 1.1.1999: (Vereinbarungen über Leistungsangebote, Entgelte ... nach § 78 a-g SGB VIII) Empfehlung von differenzierten Entgeltvereinbarungen mit • Pauschalen f. Unterkunft u. Verpflegung • Maßnahmenpauschale • Investitionsbeitrag
Menschen mit Behinderung	Bundessozialhilfegesetz	nicht reglementiert (wirkungsvolle Kosten- und Leistungsrechnung aber nur bei Anwendung der doppelten Buchführung möglich)	bis 31.12.1998 gedeckelte Pflegesätze BSHG § 93 a: • Pauschalen für Unterkunft und Verpflegung • Maßnahmenpauschale • Investitionsbeitrag
Krankenhaus	KHG und Bundespflegesatzverordnung	Krankenhausbuchführungsverordnung	differenzierte Pflegesätze, Fallpauschalen, Sonderentgelte

136

5.1 Theorie und Praxis

Die folgenden Themen werden in diesem Unterkapitel behandelt:

- Theorie zur Kostenträgerrechnung
- Die Arten der Kostenträgerrechnung
- Die Kostenträgerstück- und Kostenträgerzeitrechnung
- Kostenrechnungssysteme auf Vollkosten- und Teilkostenbasis
- Neuere Kostenrechnungskonzepte

Theorie der Kostenträgerrechnung

Die Theorie der Kostenträgerrechnung beginnt grundlegend zunächst damit, dass eine Definition für den Begriff: Kostenträger gegeben wird.

Eine mögliche Definition lautet.

„Kostenträger sind Leistungen des Unternehmens, deren Erstellung die Kosten verursacht hat" (Olfert, 2001, S. 179).

Es lassen sich verschiedene Kostenträger aufzählen (vgl. Olfert, 2001, S. 179 und 180):

- *Absatzgüter:* Kundenaufträge und Lageraufträge
- *Innerbetriebliche Leistungen:* zu aktivierende und nicht zu aktivierende Leistungen
- *Materielle Güter:* Maschinen, Rohstoffe, Hilfsstoffe, Betriebsstoffe
- *Immaterielle Güter:* Arbeitsleistungen, Dienstleistungen, Informationen
- *Zwischenerzeugnisse* und *Fertigerzeugnisse*
- *Unverbundene Erzeugnisse* (die fertigungstechnisch in keinem zwangsweisen Zusammenhang stehen) und Kuppelerzeugnisse (Neben- oder Abfallerzeugnisse)

Wie sieht die Theorie zur Kostenträgerrechnung aus?

„Kostenträger sind Leistungen. Diese sind das positive Ergebnis der betrieblichen Tätigkeit und erhöhen das Betriebsvermögen. Leistungen können für den Absatz bestimmte Produkte sein, die man im Regal eines Geschäftes findet, oder Teile und Dienste, die ein Unternehmen an ein anderes Unternehmen verkauft. Hier spricht man von Marktleistung, von Außenaufträgen oder von Leistungen an Externe. Verbraucht ein Betrieb seine eigenen Produkte, dann spricht man von innerbetrieblicher Leistung oder Innenaufträgen" (Macha, 1998, S. 169).

Die Arten der Kostenträgerrechnung

Welche Arten von Kostenträgerrechnungen gibt es?

Die Kostenträgerrechnung lässt sich mit einer Fülle unterschiedlicher Verfahren und Kalkulationsmodellen anwenden. Entscheidend für die Wahl des Verfahrens der Kostenträgerrechnung ist das Ziel, welches mit der Durchführung der Kostenträgerrechnung verfolgt wird.

Grundlegend lassen sich drei Unterscheidungsmerkmale oder Kriterien benennen nach denen die verschiedenen Kostenträgerrechnungen eingeteilt werden können.

Diese *Kriterien* der Einteilung sind:

- zeitlicher Bezug
- Kalkulationsverfahren
- berücksichtigte Kostenbasis

Die Einteilung der Kostenträgerrechnung nach dieser Systematik sieht wie folgt aus:

Abb. 46: Arten der Kostenträgerrechnung

Arten der Kostenträgerrechnung		
Zeitlicher Bezug	*Kalkulationsverfahren*	*Berücksichtigte Kostenbasis*
Vorkalkulation	Kostenträgerstückrechnung	Vollkosten
Zwischenkalkulation *Nachkalkulation*	Kostenträgerzeitrechnung	Teilkosten

Im folgenden Text sollen die einzelnen Arten der Kostenträgerrechnung kurz beschrieben werden. Ferner wird zu jeder Kostenträgerrechnungsart ein Anwendungsbeispiel aus der Sozialbranche benannt.

Der zeitliche Bezug der Kostenträgerrechnung

Abb. 47: Arten der Kostenträgerstückrechnung und zeitlicher Bezug
(Bachert, Lerneinheit 2, 2003, S. 41)

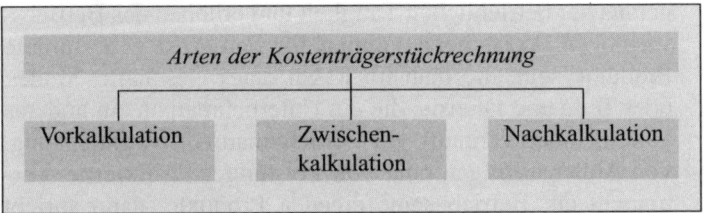

Die Vorkalkulation

Die Vorkalkulation wird vor der Produktion der Leistungen angewendet. Mit ihrer Hilfe können die Preise eines Angebotes kalkuliert werden. Aus diesem Grund wird sie auch Angebotskalkulation genannt. Die soziale Unternehmung kann die Kosten und Leistungen eines Projektes berechnen. Die Ergebnisse der Vorkalkulation ermöglichen es ihr in den Vertragsverhandlungen mit dem Kostenträger die Entgelte/Vergütungen zu verhandeln (siehe Praxisbeispiel: Handbuch Diakonisches Werk Württemberg).

Die Zwischenkalkulation
Wie der Name schon sagt, ist die Zwischenkalkulation zeitlich zwischen der Vorkalkulation und dem Ende der Herstellung angesiedelt. Sie wird für Erzeugnisse verwendet, die eine längeren Produktionszeit erfordern. Beispiele in sozialen Unternehmungen für Bereiche in der Sozialbranche für die diese Methode angewendet werden kann, sind die Bauabteilung einer größeren Organisation und die Werkstatt für Menschen mit Behinderung. Sie kann der Überwachung der Kostenentwicklung dienen. Dazu verwendet sie die Kosten laut Vorkalkulation und vergleicht diese mit denen der Zwischenkalkulation. Ergibt die Vergleichsrechnung eine Differenz, müssen möglichst zeitnah geeignete Maßnahmen zur Gegensteuerung ergriffen werden.

Die Nachkalkulation
Die Nachkalkulation dient der Überprüfung der Richtigkeit der Ergebnisse der Vorkalkulation und der Zwischenkalkulation. Sie steht am Ende des Produktionsprozesses und soll helfen die Unwirtschaftlichkeiten der Produktion zu ermitteln (vgl. Bachert, Studienbrief KLR, Lerneinheit 2, 2003, S. 41).

Die Kostenträgerzeit- und Kostenträgerstückrechnung

Die Kostenträgerzeit und Kostenträgerstückrechnung können als Instrumente des Rechnungswesens betrachtet werden, die sich ergänzen.

Hinsichtlich des Kalkulationszeitpunktes lassen sich beispielsweise bei der Kostenträgerstückrechnung die Vor-, Zwischen- und Nachkalkulation unterscheiden.

Was versteht man unter der Kostenträgerstückrechnung?

Die Kostenträgerstückrechnung ermittelt den Stückerfolg eines Produktes, die Kostenträgerzeitrechnung dagegen den Betriebserfolg. Die Kostenträgerstückrechnung ermittelt die Herstell- oder Selbstkosten je Produkt und Mengeneinheit. Sie hat das Ziel Daten für die Preispolitik und Preiskontrolle zu ermitteln. Die Kostenträgerzeitrechnung dient der kurzfristigen Erfolgsrechnung. Sie möchte Daten über die Höhe und die Quellen des Betriebsergebnisses ausweisen. Mit ihrer Hilfe wird das Betriebsergebnis ermittelt sowie der Abrechnungszeitraum in kostenrechnerischer Sicht analysiert.

Die Kostenträgerstückrechnung

Das folgende Schaubild (vgl. Olfert, 2001, S. 184) gibt einen Überblick über die Verfahren der Kostenträgerstückrechnung:

Abb. 48: Die Verfahren der Kostenträgerstückrechnung

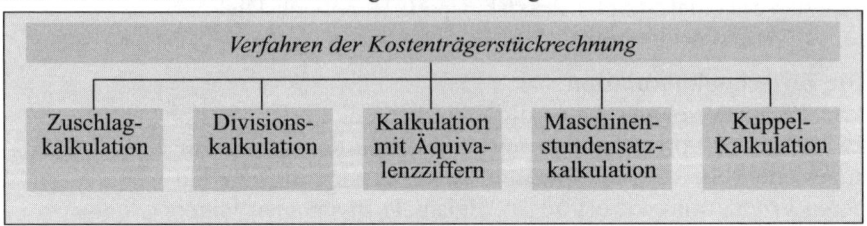

Die Zuschlagskalkulation

Die Zuschlagskalkulation kann in unterschiedlichen sozialen Unternehmungen angewendet werden. Sie wird vor allem dann durchgeführt, wenn heterogene Produkte in Serien- oder in Einzelfertigung hergestellt werden. In der Regel differieren die Kosten der Herstellung bei diesen Produktionsbedingungen verschiedenster Leistungen aufgrund ihrer Unterschiedlichkeit sehr stark. Die Zuschlagskalkulation ist ein Verfahren, welches auf Vollkostenbasis durchgeführt wird. Das heißt, dass alle Kosten die bei der Produktion dieses Produktes anfallen in die Kalkulation einbezogen werden. Voraussetzung für die Anwendung der Zuschlagskalkulation ist die Trennung der Gesamtkosten in Einzel- und Gemeinkosten. Wie im klassischen Modell der Kostenrechnung üblich, werden die Einzelkosten im Zuge des Verfahrens auf die Produkte zugerechnet.

Anschließend werden die Gemeinkosten über die Kostenstellenrechnung im Betriebsabrechnungsbogen ermittelt und die Kalkulationszuschlagssätze für die Gemeinkosten kalkuliert.

Für die Zwecke der Kalkulation stehen die Kalkulationszuschlagssätze zur Verfügung. Je nachdem wann im Produktionsprozess die Zuschlagskalkulation durchgeführt wird, kann die Vor-, Zwischen- oder Nachkalkulation unterschieden werden (vgl. Bachert, 2003, Lerneinheit 2, S. 42).

Ein Beispiel für die Anwendung wäre die Produktion in einer WfMB.

Die Divisionskalkulation

Die Divisionskalkulation ist ein relativ einfach anzuwendendes Kalkulationsverfahren. Sie wird in der Industrie für Betriebe verwendet, die ein Produkt in einheitlicher Massenfertigung herstellen. Man bezeichnet diese Fertigung nur eines Produkts auch als Einproduktfertigung. Beispiele dafür sind Elektrizitätswerke, Wasserwerke, Mühlen, Ziegeleien und Gaswerke.

Es lassen sich nach Olfert (2001, S. 185) drei Formen der Divisionskalkulation unterscheiden:

- einstufige Divisionskalkulation
- zweistufige Divisionskalkulation
- mehrstufige Divisionskalkulation

„Die Gleichung, die bei der Divisionskalkulation Anwendung findet lautet:

$$\text{Selbstkosten je Einheit} = \frac{\text{Selbstkosten}}{\text{hergestellte Menge}}$$

Die Selbstkosten sind um die Bestandsveränderungen an den unfertigen Erzeugnissen zu berichtigen (Bestandsmehrungen werden subtrahiert, Bestandsminderungen addiert).

In sozialen Unternehmungen mit heterogener Produktstruktur wäre es theoretisch denkbar, dass die mehrstufige Divisionskalkulation zum Einsatz kommt. Die erbrachten Leistungen könnten über die unterschiedlichen Leistungsarten aufsummiert werden und durch sämtliche Leistungen dividiert werden. Den unterschiedlichen Kostenstrukturen je Leistungsart würde dann aber nicht Rechnung getragen werden. Auch für Einrichtungen, die in nur einem Bereich sozialer Arbeit aktiv sind: ambulante Pflegeeinrichtung, Altenhilfe usw. werden die Ziele der Kostenträgerstückrechnung mit der Divisionskalkulation alleine nicht erreicht. Für Komplexeinrichtungen scheidet das Verfahren als Pauschallösung von vorneherein aus. Allerdings kann über die Anwendung des Verfahrens dann nachgedacht werden, wenn soziale Leistungen über Stunden abgerechnet und erbracht werden und jede Stunde bezüglich des Leistungstyps (Inhalt und Dauer) homogene Kostenstrukturen aufweist.

Unter der Annahme, dass die 'Mobilen Dienste' einer ambulanten Pflegeeinrichtung nach Stunden abgerechnet werden, könnten die Selbstkosten je Einheit mit der einfachen Divisionskalkulation ermittelt werden" (Bachert, 2003, Lerneinheit 2, S. 45).

Kalkulation mit Äquivalenzziffern
Die Kalkulation mit Äquivalenzziffern wird in der Nonprofit-Organisation häufig angewendet. Sie findet sich vor allem dort wo verschiedene, aber produktionstechnisch verwandte Leistungen hergestellt werden.

Die einzelnen Bereiche einer sozialen Unternehmung erfüllen die Voraussetzung der produktionstechnischen Verwandtschaft dann, wenn z.B. eine homogene Pflege- oder Betreuungsleistung erbracht wird, die sich lediglich aufgrund der schwere der Behinderung, der Betreuungsart oder aufgrund der Pflegebedürftigkeit unterscheidet. Insbesondere ist dies der Fall, wenn z.B. die Hilfebedarfe nach Gruppen (BSHG: Hilfebedarfsgruppen) untergliedert sind oder die Pflege nach Pflegeklassen (SGB XI: Pflegeklassen/-stufen). Aber auch die Jugendhilfe erfüllt für Teile ihrer Leistungserstellung die Anforderungen für die Anwendung der Kalkulation.

So weist beispielsweise der Bereich der Altenpflege verschiedene Leistungsarten (Pflegeklassen I, II, III) auf; diese lassen die gleiche Kostenstruktur erkennen. Die Relation der Kosten zwischen den einzelnen Leistungsmodulen wird in Form der Äquivalenzziffer ausgedrückt (vgl. Bachert, Studienbrief KLR, 2003, Lerneinheit 2, S. 46).

Das folgende Beispiel aus der Jugendhilfe soll die Kalkulation mit den Äquivalenzziffern verdeutlichen.

Beispiel: Jugendhilfe Kindergarten,
Äquivalenzziffernrechnung
(in Anlehnung an: Bachert, 2003, Lerneinheit 2, S. 46-48)

Beispiel für die Rechnung mit Äquivalenzziffern in einem Kindergarten im Wirtschaftsjahr 2003
In einer Einrichtung der Jugendhilfe mit angegliedertem achtgruppigem Kindergarten werden im Laufe des Jahres 2003 die folgenden Anteile an Einzelleistungen (Leistungstypen) in der Betreuungsarbeit ermittelt:

Abb. 49: Leistungstypen

lfd. Nummer Leistungstyp	Menge	Art der Tätigkeit
1	2.000	gezielte Beschäftigungen
2	3.000	freie Beschäftigungen und angeleitete Spiele
3	200	Führung der Statistik
4	100	Aufnahmegespräche

Für diese Tätigkeiten können die folgenden Minutenwerte ermittelt werden. Die folgende Tabelle 50 zeigt die Minutenwerte je Leistungstyp auf.

Die Systematik der Äquivalenzziffernrechnung gibt vor, dass eine beliebige, der aufgeführten Tätigkeiten herangezogen wird. Diese wird mit der Wertigkeitsziffer 1 versehen. In unserem Beispiel soll dies die gezielte Beschäftigung sein. Sie erhält die Wertigkeitsziffer 1.

Abb. 50: Minutenwerte, Menge, Tätigkeiten

Minuten-wert	Menge	Art der Tätigkeit
60	2.000	gezielte Beschäftigungen
30	3.000	freie Beschäftigungen und angeleitete Spiele
15	200	Führung der Statistik
45	100	Aufnahmegespräche

Die anderen Tätigkeiten werden zu dieser Ziffer anhand ihrer Minutenwerte das Verhältnis gesetzt. Die 1 entspricht dann dem Minutenwert 60; 0,5 dem Minutenwert 30 und die 15 dem Minutenwert 0,25 sowie die 45 dem Minutenwert 0,75.

Abb. 51: Beispiel Äquivalenzziffernbildung
(vgl. Bachert, 2003, Lerneinheit 2, S. 47)

Tätigkeit	Menge	Zeitaufwand je Einheit in Minuten	Äquiva-lenz-ziffer	gewichtete Leistungsmenge
1	2	3	4	5 (=2x4)
gezielte Beschäftig.	2.000	60	1,00	2.000
freie Beschäftig.	3.000	30	0,50	1.500
... Statistik	200	15	0,25	50
Aufnahme	100	45	0,75	75
Summen	5.300			3.625

Über die Kostenstellenrechnung hatte jede Gruppe in diesem Kindergarten eine Kostenstelle erhalten. Im Durchschnitt kommen an Personal- und Sachkosten auf jede der acht Gruppen ein Durchschnittsbetrag in Höhe von 75.000 EURO.

Die Kosten je Rechnungseinheit werden ermittelt, indem die Summe der gewichteten Leistungsmenge herangezogen wird. Die Gesamtkosten je Gruppe werden durch diese Summe dividiert.

$$\frac{75.000 \text{ EURO}}{3.625 \text{ Rechnungseinheiten}} = 20,69 \text{ EURO (gerundet)}$$

Die Kosten je Tätigkeit lassen sich dann wie folgt ermitteln:

Abb. 52: Berechnung der Kosten je Tätigkeit (vgl. Bachert, 2003,
Lerneinheit 2, S. 48)

Tätigkeit	Äquiva-lenz-ziffer	Stückkosten gewichtet Euro	Menge	Kosten je Tätig-keit gewichtet Euro
1	2	3(=2x20,689655)	4	5(=3x4)
gezielte Beschäftig.	1,00	20,689655	2.000	41.379,31
freie Beschäftig.	0,50	10,344827	3.000	31.034,48
... Statistik	0,25	5,1724135	200	1.034,48
Aufnahme	0,75	15,51724	100	1.551,72
Summen			5.300	74.999,99

Maschinenstundensatzkalkulation

Die Zuschlagskalkulation kann bei zunehmender Mechanisie-
rung und Automatisierung der Produktion keine ausreichend
genauen Kostenzurechnungen gewährleisten. Es würde bei ihrer Anwendung der ermittelte Zuschlagssatz für die Kalkulation herangezogen werden. Diese Vorgehensweise würde jedoch zu einer ungerechtfertigten Belastung der Erzeugnisse
führen. Vor allem ist dies dann der Fall, wenn unterschiedliche
Produkte die eingesetzten Maschinen nicht gleichmäßig bela-
sten. Dies hat zur Folge, dass die Gemeinkosten der Fertigung
entweder zu hoch oder zu niedrig angesetzt werden würden.

Das Verfahren der Maschinenstundensatzkalkulation weicht
insofern von der Zuschlagskalkulation ab, als dass bei ihr die
Gemeinkosten grundsätzlich eine tiefergehende Aufteilung erfahren. Die Gemeinkosten werden nach ihrer Maschinenab-
hängigkeit aufgeteilt in maschinenabhängige und maschinen-
unabhängige Kosten. Durch diese Vorgehensweise wird in der
Kalkulation berücksichtigt, dass unterschiedliche Produkte unterschiedliche Maschinenstundenkosten verursachen (vgl. Olfert, 2001, S. 197).

Der Maschinenstundensatz kann über die folgende Gleichung
errechnet werden:

$$\text{Maschinenstundensatz} = \frac{\text{Fertigungskosten der Maschine}}{\text{Maschinenlaufzeit in Stunden}}$$

In der Sozialbranche kommt dieses Kalkulationsverfahren nur
zur Anwendung, wenn für die Produktion der sozialen Arbeit
Maschinen verwendet werden und ein hoher Mechanisierungs-
und Automatisierungsgrad in der Leistungserstellung vor-

herrscht. In Werkstätten für Menschen mit Behinderungen sollte dies lediglich teilweise der Fall, da gerade dort gerade die pädagogischen und konzeptionellen Aspekte der Arbeit mit diesem Personenkreis von Bedeutung sind. Beim Einsatz von Maschinen in der Produktion werden keine Menschen für die Fertigungsleistung benötigt (vgl. Bachert, 2003, Lerneinheit 2, S. 49).

Kuppelkalkulation
Die Kuppelkalkulation wurde in der Praxis NPO nie beobachtet. Der Vollständigkeit halber wird sie kurz beschrieben.

„Kuppelprodukte könnten Erzeugnisse der sozialen Unternehmung sein, die aufgrund technischer Gegebenheiten als Abfallprodukt aus der eigentlichen Herstellung zwangsläufig und ungewollt anfallen. Denkbar wären Küchenabfälle z.B. Kartoffelschalen, die an einen Bauern verkauft werden könnten. Die Problematik bei der Entstehung der Kuppelprodukte ist die Zurechenbarkeit von Kosten auf Produkte die sowieso anfallen. Eigentlich sind die Kosten den Produkten zugeordnet die produziert werden sollen, in diesem Fall das Essen. Das Verfahren der Kuppelkalkulation versucht hier eine kalkulatorische Lösung für die Betriebe der Industrie anzubieten. Über die Schilderung der Definition dessen was Kuppelprodukte sind, wird deutlich, dass der Schwerpunkt bei diesen Produkten auf der technischen Produktion von Leistungen liegt. Die Aufgabe sozialer Unternehmungen liegt jedoch hauptsächlich in der personenbezogenen Dienstleistung" (Bachert, 2003, Lerneinheit 2, S. 49).

Die Kostenträgerzeitrechnung
„Die Kostenträgerzeitrechnung betrachtet bei der Erfassung der Leistungen (Erlöse) und Kosten einen bestimmten Zeitraum. Dadurch ermöglicht sie es, dass der leistungsbezogene Erfolg der NPO – als Gewinn oder Verlust – ermittelt wird" (Olfert, 2001, S. 205).

Was bedeutet Kostenträger-zeitrechnung?

Grundlegend werden zwei Verfahren der Kostenträgerzeitrechnung unterschieden. Diese sind:

- Das Umsatzkostenverfahren
- Das Gesamtkostenverfahren

Umsatzkostenverfahren
Beim Umsatzkostenverfahren werden zunächst die Umsatzerlöse bereinigt um die Erlösschmälerungen dargestellt. Von diesen werden die Herstellungskosten der zur Erzielung der Umsatzerlöse erbrachten Leistungen, die Vertriebskosten, die allgemeine Verwaltungskosten und die sonstige betriebliche Aufwendungen abgezogen. Das so errechnete Ergebnis gibt das

Betriebsergebnis wieder. Das Umsatzkostenverfahren kann nur angewendet werden, wenn eine differenzierte Kostenrechnung in der NPO vorliegt.

Die folgende Tabelle verdeutlicht das Umsatzkostenverfahren nach § 275 Abs. 3 HGB:

Abb. 53: Olfert, 2001, S. 214

Vereinfachte Darstellung in Anlehnung an § 275 Abs. 3 HGB
Umsatzerlöse (bereinigt um Erlösschmälerungen) – Herstellungskosten der zur Erzielung der Umsatzerlöse erbrachten Leistungen
= Bruttoergebnis vom Umsatz – Vertriebskosten – allgemeine Verwaltungskosten – sonstige betriebliche Aufwendungen
= Betriebsergebnis

Gesamtkostenverfahren

„Das Gesamtkostenverfahren unterscheidet sich vom Umsatzkostenverfahren dadurch, dass es die gesamten Kosten der Rechnungsperiode – nach Kostenarten gegliedert – dem gesamten betrieblichen Erträgen gegenüberstellt" (Olfert, 2001, S. 207).

Das Handelsgesetzbuch gibt ebenso wie im Umsatzkostenverfahren eine Mustergliederung vor. § 275 Abs. 2:

Abb. 54: Olfert, 2001, S. 208

Vereinfachte Darstellung in Anlehnung an § 275 Abs. 2 HGB
Umsatzerlöse (bereinigt um Erlösschmälerungen) ± Herstellungskosten der zur Erzielung der Umsatzerlöse erbrachten Leistungen + andere aktivierte Eigenleistungen
= Gesamtleistung – betriebliche Aufwendungen
= Betriebsergebnis

Kostenrechnungssysteme auf Voll- und Teilkostenbasis

Den Verfahren der Kostenträgerstückrechnung die im vorigen Text dargestellt worden sind, ist gemein, dass Sie auf Basis der Vollkostenrechnung kalkulieren.

Vollkostenrechnung

Die *Vollkostenrechnung* zeichnet sich im Wesentlichen durch zwei Aspekte aus:

- Sie nimmt alle Kosten periodengerecht auf und
- weist sie den einzelnen Kostenträgern zu.

Ihrer Aufgabe, der Kalkulation von Preisen, wird sie solange gerecht, wie der Markt die mit ihrer Hilfe kalkulierten Preise akzeptiert.

Die *Vollkostenrechnung* versagt vollständig, wenn es um betriebswirtschaftliche Fragestellungen geht, bei denen der Gesichtspunkt der fixen und variablen Kostenbestandteile im Vordergrund steht. Die Vollkostenrechnung ist nicht geeignet um z.B. kurzfristig, marktorientierte Entscheidungen zu treffen. Sie hat das Ziel die Deckung aller Kosten zu gewährleisten. Für den Fall, dass die fixen Kosten durch die eigentliche Leistungserstellung gedeckt sind, müssen andere Kalkulationsmechanismen greifen (vgl. Bachert, Studienbrief, KLR, Lerneinheit 2, S. 53).

Was ist der Unterschied zwischen Kostenrechnungssystemen auf Vollkostenbasis im Gegensatz zur Teilkostenbasis?

Teilkostenrechnung

„Allen Systemen der *Teilkostenrechnung* ist die Forderung nach einer verursachungsgerechten Verteilung der Kosten gemein. Einzelkosten können direkt dem Kostenträger belastet werden – Gemeinkosten nicht. Grundsätzlich beziehen die Systeme der Voll- und Teilkostenrechnung ihre Informationen von ein und derselben Kostenarten- und Kostenstellenrechnung. In der Kostenarten- und Kostenstellenrechnung existieren keine Unterschiede. Die Kostenträgerrechnung läuft verschieden ab. In der Vollkostenrechnung werden alle Gemeinkosten durch Zuschlagssätze auf die Kostenträger verteilt, in der Teilkostenrechnung nur die zurechenbaren Gemeinkosten. … . Das System der Teilkostenrechnung verrechnet nur jene Gemeinkosten der Kostenstelle auf Kostenträger, welche der Kostenträger direkt verursacht. … . Heute werden zwei Grundtypen der Teilkostenrechnungen unterschieden. Als Fix-Variabel-Konzept bezeichnet man Systeme, welche Kosten in variable und fixe Kosten trennen und somit eine Betrachtung der Kosten in Abhängigkeit von der Beschäftigung vornehmen. Als relative Deckungsbeitragsrechnung bezeichnet man Konzepte, die auf einer relativen Unterscheidung von Einzel- und Gemeinkosten beruhen …" (Macha, 1998, S. 213-214).

Die Soziale Unternehmung, die ausschließlich die Teilkostenrechnung für die Entgelt- und Vergütungskalkulation verwendet und ihre fixen Kostenbestandteile außer Acht lässt, kann langfristig nicht existieren.

Die „Fixierung" auf die fixen Kosten im Zuge der Vollkostenrechnung führt jedoch dazu, dass unternehmerische Entscheidungen auf keiner sachlich fundierten Grundlage getroffen werden. Der Einsatz der Teilkostenrechnung setzt eine Aufteilung aller Kostenarten in variable und fixe Kosten voraus.

Die Variable Kosten tragen maßgeblich zum Betriebserfolg der Unternehmung bei. Bei den variablen Kosten verändert sich die Kostenhöhe proportional mit der Beschäftigung. Die variablen Kosten fallen nur dann an, wenn produziert wird. Die fixen Kosten sind auch bei fehlender Beschäftigung unvermeidbar.

Die *Deckungsbeitragsrechnung* nimmt zunächst eine Aufteilung der Kosten in fixe und variable Kosten vor. Anschließend werden zur Feststellung der Beteiligung eines Kostenträgers am Betriebserfolg von den Umsatzerlösen die variablen Kosten subtrahiert. Die Differenz dieser Rechnung ergibt den Bruttoerfolg. Sie kann als Deckungsbeitrag bezeichnet werden. Beim Deckungsbeitrag handelt es sich um den Betrag, um den die Umsatzerlöse eines Produkts seine variablen übersteigen. Dieser übersteigende Betrag kann für die Deckung der fixen Kosten herangezogen werden (Deckungsbeitrag – fixe Kosten = Betriebsergebnis). Es ergibt sich die folgende Rechnung für den Deckungsbeitrag (vgl. Bachert, Studienbrief, KLR, Lerneinheit 2, 2003, S. 53):

Der Deckungs-
beitrag

Abb. 55: Der Deckungsbeitrag

Deckungsbeitrag
Umsatzerlöse – gesamte variable Kosten
= Deckungsbeitrag

Die Deckungsbeitragsrechnung wird in verschiedenen Systemen und mit unterschiedlichen Kostenbestandteilen durchgeführt.

Eine mögliche Einteilung stellt sich wie folgt dar (Bachert, Lerneinheit 2, 2003, S. 56):

Abb. 56: Ausgewählte Systeme der Teilkostenrechnung

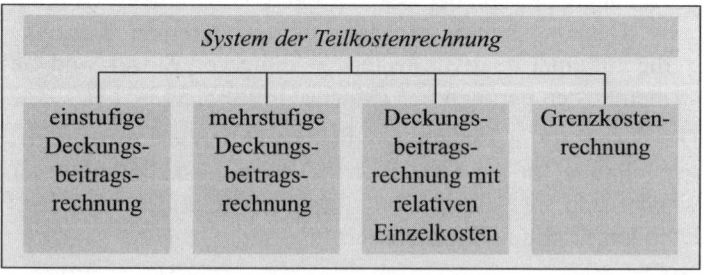

Das Verfahren der einstufigen Deckungsbeitragsrechnung wird in Kapitel 5.3 dargestellt. Siehe 5.3 Ein Interaktives Gespräch zur Kostenträgerrechnung: „Deckungsbeitragsrechnung in der Küche".

5.2 Praxisbeispiel „Kostenträger" Diakonisches Werk Württemberg Handbuch: Vergütungen/Entgelte

Jede soziale Unternehmung sollte zur Kalkulation ihrer Entgelte und Vergütungen ein geeignetes Instrumentarium anwenden. Es empfiehlt sich generell die für jedes Bundesland spezifischen Regelungen bei der Kalkulation zu berücksichtigen. Die kalkulierten Entgelte und Vergütungen können für die Zwecke der Vor- und Nachkalkulation im Rahmen der Kostenträgerstückrechnung auf Vollkostenbasis dienen.

Im folgenden Text soll ein Standardwerk im Diakonischen Bereich vorgestellt werden. Es handelt sich dabei um ein *Handbuch mit Instrumenten zur Berechnung der Vergütungen/Entgelte* und gesondert berechenbaren betriebsnotwendigen Investitionsbeträgen für Mitgliedseinrichtungen des Diakonischen Werks Württemberg. In diesem Handbuch sind kompakte und einfach nachvollziehbare Kalkulationen für die Leistungsträger, die Schiedsstelle und die Gerichte bei den jeweiligen Verhandlungen enthalten. Die Einrichtungen können diese Kalkulation mit den ihnen zur Verfügung stehenden Daten durchführen.

Die folgenden Punkte werden aufgezeigt:

- Die Leistungsbereiche und die gesetzlichen Grundlagen
- Der Aufbau des Handbuches
- Die Beschreibung der Kalkulation
- Die Einrichtungszahlen
- Die CD-ROM und die Kalkulation in Excel
- Die Ergebnisse der Kalkulation

Die Leistungsbereiche und gesetzlichen Grundlagen

Die Kostenträgerrechnungen sind für die folgenden Bereiche/ Hilfearten entwickelt worden:

- Altenhilfe
  - vollstationäre Pflege und Kurzzeitpflege
  - Tagespflege/Nachtpflege
- Arbeit für Menschen mit Behinderung/Sozialpsychiatrie
  - Wohnen
  - Tagesstruktur
  - WfbM
  - Heimsonderschulen
- Jugendhilfe
  - vollstationär

– teilstationär
– Schule
• Wohnungslosenhilfe

Die gesetzlichen Grundlagen für die Kostenträgerrechnungen der jeweiligen Bereiche stellen sich in die Bundesrepublik und speziell für Baden-Württemberg wie folgt dar. Sie bestimmen den Rahmen in welchem die Kostenträgerrechnung ablaufen sollte.

Wie sehen die gesetzlichen Grundlagen der Leistungs-bereiche in Bezug auf die Kostenträger-rechnung aus?

SGB XI

Das SGB XI regelt in § 84 Abs. 2, dass die Pflegesätze leistungsgerecht sein müssen. Sie müssen es einem Pflegeheim bei wirtschaftlicher Betriebsführung ermöglichen, seinen Versorgungsauftrag zu erfüllen. Die amtliche Begründung zum Pflegequalitätssicherungsgesetzt (PQsG) folgert daraus, dass dem Pflegeheim das hierfür nach Zahl und Qualifikation notwendige Personal bezahlt wird. Ab 01.01.2003 sind nach dem geltenden Rahmenvertrag der Einstieg in strukturelle Verbesserungen möglich. *Die Pflegesatzvereinbarung ist im Voraus vor Beginn der jeweiligen Wirtschaftsperiode für einen zukünftigen Zeitraum zu treffen.*

BSHG

Das BSHG legt in § 93 a den Inhalt der Vereinbarungen über die Leistungen fest. Die Leistungen müssen ausreichend, zweckmäßig und wirtschaftlich sein und dürfen das Maß des Notwendigen nicht überschreiten. In § 93 b Abs. 2 wird weiter ausgeführt, dass die Vereinbarungen vor Beginn der jeweiligen Wirtschaftsperiode für einen zukünftigen Zeitraum abzuschließen sind. Der aus § 93 d Abs. 2 resultierende Rahmenvertrag regelt u.a. die tarifliche Bindung

SGB VIII

Das SGB VIII regelt in § 78 c Abs. 2 das leistungsgerechte Entgelt. Die Bestimmung eines leistungsgerechten Entgelts geschieht über die Begriffe: Leistungsfähigkeit, Wirtschaftlichkeit und Sparsamkeit. Die Entgelte müssen es der Einrichtung ermöglichen, bei sparsamer und wirtschaftlicher Betriebsführung eine bedarfsgerechte Hilfe zu leisten. Der Träger der öffentlichen Jugendhilfe muss in die Entgeltkalkulation der Jugendhilfeleistung alle notwendigen Kosten einbeziehen. Es besteht Anspruch auf die Anerkennung der entstehenden Aufwendungen (Kommentierung: Krug).

Fazit

Für alle Bereiche wird eine prospektive Kalkulation der einrichtungsindividuellen Kosten nötig. Diese erfordert eine fun-

dierte und differenzierte Kostenträgerrechnung. Nur die Organisation, die die Kosten qualifiziert (transparent und nachvollziehbar) kalkuliert und darstellt, erfüllt die Voraussetzungen
ihren Anspruch durchzusetzen.

Der Aufbau des Handbuches

Für jeden Leistungsbereich wird die Kostenträgerrechnung in
zwei Blöcken dargestellt und durchgeführt. So wird für alle
Bereiche immer zunächst das Kalkulationsverfahren beschrieben und anschließend können die Einrichtungszahlen in die
Kalkulation eingegeben werden.

Dadurch soll gewährleistet werden, dass *jede Person* die die
Verantwortung in der Organisation für die Entgelte und Vergütungen übernommen hat die notwendige Einführung in die
Kostenträgerrechnung erhält und in die Lage versetzt wird
diese durchzuführen. Gleichzeitig wird im zweiten Teil des
Handbuches die Möglichkeit gegeben die einrichtungsindividuellen Zahlen einzugeben und mit diesen zu kalkulieren.

Wer sollte das
Kalkulations-
Know-how in
der Organisa-
tion haben?

Abb. 57: Übersichtsblatt Kostenträgerrechnung

Eingabe der Einrichtungsdaten	Bitte anklicken
Eingabe der Trägerdaten	Bitte anklicken
Eingabe des Verbandes	Bitte anklicken
Eingabe der Leistungsangebote	Bitte anklicken
Eingabe der Vereinbarungszeitraums	Bitte anklicken
Eingabe gültiger Vergütungen	Bitte anklicken
Eingabe der Verhandlungspartner	Bitte anklicken
Eingabe Personalkosten AB_BBB	Bitte anklicken
Eingabe Personalkosten betriebliche Erfordernisse	Bitte anklicken
Eingabe Personalnebenkosten	Bitte anklicken
Eingabe Sachkosten	Bitte anklicken
Ausgabe Datenübersicht	Bitte anklicken
Ausgabe Kalkulationsgrundlagen WfB	Bitte anklicken
Ausgabe Kalkulation BBB Grundlage	Bitte anklicken

Der Hintergrund dieser Vorgehensweise liegt darin begründet, dass in vielen Einrichtungen nicht nur betriebswirtschaftlich geschulte Mitarbeiter angestellt sind, sondern, dass es oftmals Pfarrer, Juristen, Sozialpädagogen, Pflegekräfte u.a. Berufsgruppen sind. Allen Personen, die heute eine Führungspositionen innehaben, die es erfordert, dass Sie die Kostenträgerrechnung anwenden, sollen die standardisierten Kalkulationen bei der Erfüllung dieser Aufgabe helfen. Ferner verlangen die Kostenträger und die Schiedsstellen oftmals einheitliche Formularblätter z.B. für den Ausweis und die Darstellung der einrichtungsindividuellen Kosten. Dieser Forderung wird über die hinterlegten Tabellenblätter genüge getan. Insofern werden sowohl die betroffenen Personen aber auch die jeweiligen Einrichtungen in Lage versetzt eine Kostenträgerrechnung durchzuführen, die die jeweiligen Anforderungen erfüllt.

Über ein Übersichtsblatt kann der Anwender in der jeweiligen Kostenträgerrechnung in die gewünschte Tabelle gelangen (Beispiel BSHG) (s. Abb. 57, S. 151).

Die Beschreibung des Kalkulationsverfahrens

Wie sieht das konkrete Kalkulationsverfahren aus? Im Handbuch wird – wie bereits erwähnt – zunächst die Methode und das zugrunde liegende Verfahren der Kostenträgerkalkulation des jeweiligen Leistungsbereiches beschrieben. Der besseren Nachvollziehbarkeit wegen stellt das Handbuch eine einzige Excel-Datei mit unterschiedlichen Tabellenblättern zur Verfügung. In diesen Tabellenblättern können die Eingaben getätigt werden. Die Ergebnisse werden anhand der Eingaben automatisch über hinterlegte Formeln errechnet. Die konkrete Kalkulation läuft immer in drei Schritten ab.

Die drei Schritte der Kalkulation sind:

- *Vorkalkulation:* Sie ermittelt die tatsächlichen Kosten und berechnet die Schmerzgrenze für die Entgelte/Vergütungen des Trägers. Diese Kalkulation ist für den internen Gebrauch vorgesehen. Sie wird auf keinen Fall dem Leistungsträger vorgelegt.
- *Verhandlungskalkulation:* Die Verhandlungskalkulation wird mit der gleichen Datei abgewickelt, die unter anderem Namen gespeichert wird. Hier geht es um die strategische Komponente bei der Kalkulation. Das diakonische Werk Württemberg steht Ihnen hierbei mit Vergleichswerten und Zahlen, so genannten Benchmarks, im diakonischen Bereich zur Verfügung.
- *Nachkalkulation:* In der Nachkalkulation werden die Konsequenzen des Verhandlungsergebnisses für die zukünftige

betriebswirtschaftliche Führung der Einrichtung untersucht' und abgebildet. Die Nachkalkulation kann nur eingeschränkt automatisiert durchgeführt werden.

Die Einrichtungszahlen

Die Standardisierung der Kostenträgerrechnung macht es nötig, dass jedes Feld in welches Daten für die Zwecke der Berechnung des Entgelts eingegeben werden können auch aufgeführt werden. Konkret wird der Person, die die Daten eingeben soll, aufgezeigt welche Zahlen an welcher Stelle in die vorgefertigten Excel-Dateien eingegeben werden können. Die Beschreibung der Vorgehensweise wird in Tabellenform durchgeführt. Die folgende Tabelle zeigt eine Excel-Tabelle, die auf alle Bereiche zutrifft:

Abb. 58: Eingabesystematik in die Excel-Tabellen

Wie heißt das Feld?	Welche Nummer hat das Feld?	Was muss ich in das Feld eintragen?
Name der Einrichtung	A 1	Bitte tragen Sie in dieses Feld den Namen der Einrichtung, für die Sie die Kalkulation erstellen wollen, ein.
Straße der Einrichtung	A 2	Bitte tragen Sie in dieses Feld die Straßenadresse Ihrer Einrichtung ein. Unterhält die Einrichtung Teile unter mehreren Straßenadressen, so geben Sie bitte die Adresse des Hauptteiles ein.
...	...	...

Die CD-ROM und die Kalkulation in Excel

Die mit dem Handbuch gelieferte CD-ROM enthält für alle Bereiche so genannte Kalkulationsdateien.

Wie sollte eine Kostenträger-rechnung grundsätzlich aufgebaut sein?

Die Kalkulationsdateien sind grundsätzlich eingeteilt in:

- *Input-Tabellen*
- *Output-Tabellen*
- *Zusatzberechnungs-Tabellen*

Pro Bereich/Hilfeart gibt es Excel-Dateien, in denen alle oben genannten Tabellen enthalten sind.

Input-Tabellen

Input-Tabellen sind farblich gekennzeichnet. In diesen Tabellen können die Daten z.B. Kostenarten für Sach- und Personalkosten eingeben werden. Die Eingabefelder sind Felder, in die

153

die Einrichtungen ihre Daten eingeben können. Die Felder haben zur besseren Orientierung verschiedene Farben. Eingabefelder sind von der Hintergrundfarbe gelb; die Farbe der Zahlen in diesen Feldern ist schwarz.

Ein Beispiel für die Input-Tabellen (SGB XI) für die Personalkosten) stellt sich wie folgt dar:

Abb. 59: Input-Tabelle Personalkosten

Personalkosten	
Leitung und Verwaltung	
Pflegedienst, leistungsabhängig	
Pflegedienst, leistungsunabhängig	
Sozialer Betreuungsdienst	
Hauswirtschaftlicher Dienst:	
• Küche	
• übrige Hauswirtschaft	
Technischer Dienst (ohne Instandhaltung)	
Sonstige Personalkosten	

Ein weiteres Beispiel für die Inputtabellen (SGB XI für die Sachkosten) sieht folgendermaßen aus:

Abbildung 60: InputTabelle Sachkosten

Sachkosten	
Lebensmittel	
Wasser, Energie, Brennstoffe	
Pflegebedarf	
Wirtschaftsbedarf	
Bezogene Leistungen:	
• Pflege	
• Verwaltung	
• Wirtschaft – Küche	
• Wirtschaft – Reinigung	
Verwaltungsbedarf	
Zentrale Dienstleistungen	
Aufwendungen soziale Betreuung	

154

Steuern, Abgaben, Versicherungen	
Sonstige Aufwendungen	
Kosten Wirtschaftlichkeitsprüfung etc.	

Output-Tabellen

Die Output-Tabellen sind mit Formeln bestückt. In der Regel sind in diesen Tabellen keine Eingaben möglich. Diese Tabellen sind gesperrt. Das heißt, dass in diese Tabellen keine Daten eingeben werden. Diese Tabellen sind von der Hintergrundfarbe blau. Die Farbe der Zahlen in diesen Feldern ist schwarz.

Beispiel: Output-Tabelle Jugendhilfe mit Investitionsbetrag je Tag in Höhe von 13,55 EURO.

Abb. 61: Output-Tabelle Kostenträgerrechnung

Entgeltkalkulation für die Entgeltvereinbarung nach § 78b SGB VIII			
Träger		*Einrichtung*	
Ev. Heime e.V.		*Ev. Heime Tagesgruppen*	
Investition		Divisor:	8.360
		Euro/Tag	Euro p.a.
Zinsen		4,07	34.000
Miete, Pacht, Erbbau		2,99	25.000
Sonstige Mieten		0,00	0
Instandhaltung		4,07	34.000
Summe Sachkosten		*11,12*	*93.000*
Afa Gebäude		1,56	13.000
Afa Inventar		2,99	25.000
Summe		*15,67*	*131.000*
Mieterträge		1,79	15.000
Investitionsbetrag		*13,88*	*116.000*

Zusatzberechnungs-Tabellen

Die Zusatzberechnungs-Tabellen sind dazu geeignet, Nebenrechnungen durchzuführen. So können in diesen Tabellen eigene Wirtschaftlichkeits-, VK-Kräfteberechnungen etc. durchgeführt werden.

Die Ergebnisse der Kalkulation

Die Ergebnisse der Kostenträgerrechnung bilden die Grundlage der Vergütungs- und Entgeltverhandlung in den genannten Leistungsbreichen.

In Bezug auf die Vor- und Nachkalkulation kann Folgendes gesagt werden. Am Anfang des operativen Controlling steht die prospektive Kalkulation der Vergütungen einer Einrichtung, auf deren Basis eine Vergütungsverhandlung[1] stattgefunden hat und eine Vergütungsvereinbarung abgeschlossen[2] worden ist. Diese prospektive Kalkulation muss im Anschluss an die Vergütungsverhandlung so angepasst werden, dass sie die prospektiv kalkulierten Daten auf Basis der vereinbarten Vergütungen widerspiegelt. Somit hat die Einrichtung jetzt die prospektive Sollkalkulation, mit der sie ihre geplanten Leistungen kostenmäßig erbringen möchte.

Als Ergebnis dieser Sollkalkulation ergeben sich die prospektiven Vergütungen der Einrichtung, die hier Sollvergütungen genannt werden. Nach einer bestimmten Zeit ist es für die Einrichtung zwingend notwendig, auf Basis der tatsächlich entstandenen betriebsnotwendigen Kosten eine Nachkalkulation, d.h. die Ist-Kalkulation durchzuführen. Als Ergebnis der Kalkulation ergeben sich die zu diesem Zeitpunkt zwingend notwendigen Vergütungen, die so genannten Ist-Vergütungen. Als nächster Schritt erfolgt der Vergleich der Sollvergütungen mit den Ist-Vergütungen. Als Resümee dieser Analyse können sich zwei Ergebnisse ergeben, im folgenden Hauptergebnisse der Hauptanalyse genannt.

Die *Hauptergebnisse* können sein:

* Hauptergebnis I: Soll-Vergütung = Ist-Vergütung
* Hauptergebnis II: Soll-Vergütung ≠ Ist-Vergütung

Diese Hauptergebnisse sagen aus, ob die Sollvergütung gleich bzw. ungleich der Ist-Vergütung ist. Sind sie nicht gleich, müssen tiefergehende Analyse der Ursachen erfolgen. Da in beiden Fällen bereits die Kostenarten bezüglich der Sach- und Personalkosten erfolgt ist, kann die Suche gezielt erfolgen und zu einem schnellen Ergebnis führen. Eine Gegensteuerung wird möglich.

---

1 Vergütungsverhandlungen werden hier im Folgenden mit Schiedsstellenverhandlungen und Gerichtsverhandlungen gleichgesetzt.
2 Abgeschlossene Vergütungsvereinbarungen werden hier mit dem Vergleich oder Schiedsspruch vor der Schiedsstelle sowie dem Vergleich oder Urteil vor der jeweiligen gerichtlichen Instanz gleichgesetzt.

Fazit

Die vorgestellte Kostenträgerrechnung sollte den hohen Stellenwert einer standardisierten und professionellen Kalkulation verdeutlichen. Die permanente Anwendung einer Kostenträgerrechnung erscheint für alle Nonprofit-Organisationen dringend geboten.

Es macht jedoch keinen Sinn die entsprechenden betriebswirtschaftlichen Fachbücher zu studieren und sich selbst an die Programmierung einer Kostenträgerrechnung zu machen. Hier ist ganz klar zu empfehlen die Standard-Instrumente des entsprechenden Spitzenverbandes der freien Wohlfahrtspflege (Caritas, Diakonie, Deutscher Paritätischer Wohlfahrtsverband, Arbeiterwohlfahrt, etc.) anzufordern und in der eigenen Organisation anzuwenden.

5.3 Ein Interaktives Gespräch zur Kostenträgerrechnung: „Deckungsbeitragsrechnung in der Küche"

Es treffen sich zwei Bereichsleiterinnen der zentralen Servicebereiche Verwaltung und Küche einer mittleren aber komplexen Organisation. Die beiden Personen die sich treffen heißen Reiner Küchenmagd und Rondorf Controlls (dessen Frau ebenfalls in einer sozialen Einrichtung als Controllerin arbeitet, dies nur als Hintergrundinformation).

Das Beispiel wurde von Herrn Martin Loydl entwickelt und in abgewandelter Form übernommen.

Die Einrichtung besteht aus den folgenden Service und Leistungsbereichen:

- *Verwaltung (Controlling, Buchhaltung, Personalwesen etc.)*
- *Servicebereich Küche*
- *Servicebereich Wäscherei*
- *Servicebereich Fahrdienst*
- *Verschiedene Leistungsbereiche*

Die Verwaltung besteht aus den Abteilungen: Personalwesen, Buchhaltung und Verwaltung der Liegenschaften. Der Servicebereich *Küche* besteht aus einer Küche und einer Diätküche.

Dem Bereich Heim ist das Altenpflegezentrum am Rheinfels und das Heim Hannastift für die Arbeit mit Menschen mit Behinderung in Lörrach zugeordnet. Die Heime bestehen jeweils aus drei Pflege- bzw. Betreuungsgruppen mit je 10 Plätzen sowie den Funktionen: Logopädie, Ergotherapie, Physiotherapie, Sozialdienst und Sozialtherapie

Der Küchchef hat im Vorfeld des Gespräches den Verwaltungsleiter gebeten, ihm die Grundzüge der Deckungsbeitragsrechnung an einem einfachen Beispiel zu erläutern. In naher Zukunft steht die Übernahme verschiedener Einrichtungen an. Es ist geplant, dass die jetzige Küche die Essen für diese neuen Einrichtungen mit liefert.

Wie funktioniert die Deckungsbeitragsrechnung?

Herr Controlls: Lieber Herr Küchenmagd, Sie hatten mich ja gebeten, Ihnen eine kurze Einführung in die Deckungsbeitragsrechnung zu geben. Dies will ich gerne tun.

Das Controlling gibt Ihnen die folgenden Zahlen zum Jahresende bekannt. Es handelt sich dabei um verschiedene Daten der Einrichtung. In der Regel ist es nicht ganz so einfach aber schauen wir uns mal das Beispiel (in Anlehnung an: Bachert, Lerneinheit 2, S. 54-56) an und anschließend können wir überlegen wie wir mit Ihrer Kostenstelle in der Praxis umgehen.

Schauen wir uns einmal die folgende Tabelle an. Ich habe darin die Absatzzahlen in Stück eingetragen, den Verkaufspreis und die variablen Kosten sowie die fixen Kosten gesamt.

Abb. 63: Beispiel einer Deckungsbeitragsrechnung
(vgl. Bachert, Lerneinheit 2, S. 54)

Ausgangszahlen	*Frühstück*	*Mittagessen*	*Abendessen*
Absatz (Stück)	2.000	4.000	3.000
Verkaufspreis (pro Stück)	4,00	16,00	6,00
Variable Kosten (gesamt)	6.000,00	20.000,00	7.000,00
Fixe Kosten	20.000,00		

Herr Küchenmagd: … was muss ich mir unter den fixen Kosten in Höhe von 20.000 EURO vorstellen? Die variablen Kosten sind vermutlich z.B. die Kosten für die Lebensmittel. Wenn wir nicht produzieren, fallen diese nicht an. Stimmt's?

Herr Controlls: Sehr gut. Genauso ist es. In diesem Fall könnten die fixen Kosten z.B. daraus resultieren, dass wir in ihrer Küche einen Herd im Einsatz haben, den wir irgendwann gekauft haben. Der Werteverlust des Herdes in Form der Abschreibung fällt auf jeden Fall als fixe Kosten an, auch wenn Sie nicht produzieren.

Ich habe aufgrund dieser Tabelle den Deckungsbeitrag und den Gewinn je Produktart in der Essensart berechnet. Es handelt sich dabei eine so genannte interne Preiskalkulation.

Abb. 64: Beispiel einer Deckungsbeitragsrechnung, Rechnung
(in EURO) (vgl. Bachert, Lerneinheit 2, S. 55)

	Frühstück	*Mittagessen*	*Abendessen*	*Gesamt*
Absatz (Stück)	2.000	4.000	3000	
Verkaufspreis	4,00	16,00	6,00	
Erlöse (Absatz x Verk.Preis)	8.000,00	64.000,00	18.000,00	90.000,00
Variable Kosten (gesamt)	6.000,00	20.000,00	7.000,00	33.000,00
Variable Kosten je Essen (ges.var.Kosten : Absatz)	3,00	5,00	2,33	
Deckungsbeitrag je Essen (VKPreis – var.Kosten pro Stück)	1,00	11,00	3,67	
Deckungsbeitrag Gesamt (Deckungsbeitrag pro Stück x Absatz)	2.000,00	44.000,00	11.010,00	57.010,00
Fixe Kosten				20.000,00
Gewinn				37.010,00

Herr Küchenmagd: Wenn ich mir diese Tabelle so anschaue, sind das ja traumhafte Verhältnisse. Die haben Deckungsbeiträge pro Essen, da kann man sich nur freuen. Selbst wenn die fixen Kosten in Abzug gebracht werden, ergibt die Rechnung immer noch einen Gewinn in Höhe von 37.010 EURO.

Herr Controlls: Ich sehe schon, sie haben die Rechnung wunderbar nachvollzogen. Genau das ist das Ziel der Deckungsbeitragsrechnung. Sie will wissen wie hoch ist mein Deckungsbeitrag. Und Deckungsbeitrag bedeutet zunächst, dass ich die Erlöse heranziehe und von diesen die variablen Kosten abziehe. Dieser so entstandene Deckungsbeitrag gibt an: wie viel Deckungsbeitrag zur Verfügung steht, um die fixen Kosten zu decken. In diesem Beispiel geht ja alles sehr gut aus!

Herr Küchenmagd: Sollen wir uns jetzt einmal unsere Zahlen anschauen?

Herr Controlls: Ja gerne, alle Kosten, die in ihrem Bereich in diesem Jahr angefallen sind, stellen sich wie folgt dar. In Ihrem Bereich arbeiten Sie als Küchenchef, ein weiterer Koch sowie fünf KüchengehilfInnen. Insgesamt werden im Jahr 30.000 Beköstigungstage (Frühstück, Mittagessen, Abendessen) erbracht, davon 8.000 für externe Abnehmer. Das Controlling gibt Ihnen ja regelmäßig die Zahlen zum Jahresende bekannt. Es handelt sich dabei um alle Kosten, die in Ihrem Bereich in diesem Jahr angefallen sind. Die Personalkosten für eine Küchengehilfin betragen 30.000 EURO. Die folgende Tabelle gibt die Kostenstelle Küche wieder mit allen angefallenen Jahreskosten je Kostenart:

Welche Annahmen müssen getroffen werden um die Gesamtkosten in fixe und variable Kosten einzuteilen?

159

Abb. 65: Kostenstelle Küche, Deckungsbeitragsrechnung (in EURO)

Kostenstelle: Küche	
Kostenart	Gesamtbetrag
Personal Küche	210.000,00
Lebensmittel	49.250,00
Bürobedarf	800,00
Telefon	450,00
Hygienemaßnahmen	2.000,00
Instandhaltung	3.000,00
Abschreibungen	22.500,00
Energie, Wasser, Brennstoffe	4.500,00
Umlage Verwaltung	37.500,00
Gesamt	330.000,00

Herr Controlls: Teilen sie doch bitte diese Kosten in variable und fixe Kosten ein. Die variablen Kosten reagieren auf Beschäftigungsschwankungen variabel. Die fixen Kosten bleiben in ihrer Höhe fix. Mischkosten z.B. Telefon werden zu 50% als variabel und zu 50% als fix eingestuft. Die Grund-gebühr ist in der Regel fix, die laufenden Gesprächskosten sind variabel.

Damit die Angelegenheit etwas einfacher wird, könnten wir gleich mit überlegen, wie viele Essen (Beköstigungstage) wir zusätzlich anbieten wollen. Ferner sollten wir festlegen, dass wir bezüglich der Küchengeräte innerhalb der Kapazitätsgrenzen agieren.

Herr Küchenmagd: Das verstehe ich jetzt nicht!

Herr Controlls: Wenn wir beispielsweise einen neuen Herd benötigen, würde es so sein, dass wir die Kosten für die Abschreibung dieses zusätzlichen Herdes mit in unsere Kalkulation aufnehmen müssten. Wenn nicht wäre die Abschreibung ein klarer Fall der Fixkosten und dürfte nicht als variable Kosten gerechnet werden.

Herr Küchenmagd: Jetzt verstehe ich. Also gut.
Für die bisherigen Beköstigungstage gilt, dass wir derzeit 30.000 Tage anbieten.
Wir könnten ja überlegen, dass eine kleinere Einrichtung um Übernahme bzw. Aufnahme in unser Trägergebilde bittet. Diese Einrichtung würde rund 10.000 Beköstigungstage anbieten. Dann hätte ich einen gedanklichen Kalkulationsrahmen für das, was uns in Zukunft erwartet.

Herr Controlls: Das finde ich klasse. Nehmen sie bitte in diesen Kalkulationsrahmen: also zu den 10.000 Beköstigungstage noch auf, dass die andere Einrichtung derzeit für ihre

Küche insgesamt 75.000 EURO an Kosten verursacht. Sagen sie mir am Ende ihrer Kalkulation bitte, ob sie bereit wären, wenn ich ihnen 60.000 EURO als Erlöse zur Verfügung stellen würde, die Leistungen zu übernehmen.

Herr Küchenmagd: Ich sehe noch nicht ganz klar, wie ich durch diesen Wust an Zahlen bewerten und dann ein Ergebnis kalkulieren soll, welches eine sachliche Entscheidung ermöglich. Ich werde es einfach einmal versuchen.
Ich fange mal mit dem *Küchenpersonal* an. Eigentlich ist das Personal ein Fixkostenblock. Wenn ich jetzt jedoch eine Mischung aus Vor- und Nachkalkulation mache und weiß, dass die Küchengehilfen befristete Verträge haben und ich derzeit 30.0000 Beköstigungstage leiste und in Zukunft 10.000 zusätzlich, müsste ich eigentlich einen Teil des Personal als variabel einstufen. Ist das OK??? Ich setze dafür mal so 60 TEURO an.

Herr Controlls: Grundsätzlich können sie in der KLR jede Annahme treffen, die sie wollen, sie müssen sie nur begründe. Da wir uns eigentlich im Bereich der Vorkalkulation befinden, anschließend dafür sorgen, dass ihre Annahme so in der Zukunft auch eintrifft. Sie kalkulieren ja einen Preis. Ich mache das übrigens den ganzen Tag so. Ich meine das mit den Annahmen treffen: Das ist ja das schöne am Controlling!

Herr Küchenmagd: Das ist ja wirklich interessant. So langsam wird mir einiges klarer. Also dann schlage ich vor, dass ich die Küchengehilfen im Bereich der variablen Kosten einstufe. Das sind dann rund 20 TEURO je Gehilfe, macht also bei fünf Gehilfen = 100 TEURO.
Die *Lebensmittel* würde ich komplett als variabel einstufen.
Den *Bürobedarf* und das *Telefon* im Prinzip je hälftig einsetzen, ergibt sich für fix und variabel der gleiche Betrag.
Hygienemaßnahmen muss ich immer betreiben, egal ob ich produziere oder nicht. Sonst wird mir die Küche geschlossen. Also sind diese Kosten fix.
Die Kosten für die Instandhaltung fallen nur an, wenn ich produziere, also sind sie variabel.
Warum lachen Sie so??

Herr Controlls: Es bestätigt sich immer mehr, dass es auf die Begründung ankommt und dass es durchaus Sinn macht, dass ein Fachmann diese Kalkulation macht. Also der Küchenchef selbst. Ich hätte an mancher Stelle anders argumentiert und daher auch anders gerechnet. Machen sie ruhig weiter.

Herr Küchenmagd: Gut, dann fahre ich fort …

Die *Abschreibungen* sind einfach. Diese gehören voll zu den fixen Kosten. Es sei denn wir überschreiten die Kapazitätsgrenzen.

Die Kosten für *Energie, Wasser, Brennstoffe* würde ich je hälftig rechnen, da ich z.B. auch wenn Niemand da ist heizen muss, damit uns nichts einfriert.

Die Umlage der Verwaltung ist m.E. ziemlich fix, wobei das ein eigenes Thema wäre.

Wie kann eine sachliche Entscheidung getroffen, ob der Küchenbereich einer anderen Einrichtung übernommen werden kann oder nicht?

Aufgrund meiner Einschätzung kann ich die folgende Tabelle erstellen:

Abb. 66: Kostenstelle Küche, Deckungsbeitragsrechnung fixe und variable Kosten (in EURO)

Kostenart	Gesamtbetrag	FIX	VARIABEL
Personal Küche	210.000,00	110.000,00	100.000,00
Lebensmittel	49.250,00		49.250,00
Bürobedarf	800,00	400,00	400,00
Telefon	450,00	225,00	225,00
Hygienemaßnahmen	2.000,00	2.000,00	
Instandhaltung	3.000,00		3.000,00
Abschreibungen	22.500,00	22.500,00	
Energie, Wasser, Brennstoffe	4.500,00	2.250,00	2.250,00
Umlage Verwaltung	37.500,00	37.500,00	
Gesamt	330.000,00	174.875,00	155.125,00
Beköstigungstage	30.000,00	30.000,00	30.000,00
Kosten	11,00	5,83	5,17

Herr Controlls: Also Herr Küchenmagd, dass ist ja eine astreine Deckungsbeitragsrechnung. Können Sie mir jetzt sagen, ob sie die andere Einrichtung übernehmen würden oder nicht.

Herr Küchenmagd: Klar kann ich dass. Ich würde die Leistungen der anderen Küche übernehmen. Aufgrund meiner Rechnung hätte ich immer noch einen Überschuss in Höhe von 8.300 EURO. Das wäre zwar knapp kalkuliert und dieser Betrag würde auch nicht zur Deckung unserer fixen Kosten ausreichen. Aber Sie könnten dann ca. 15.000 EURO einsparen, indem wir deren Küchenleistung erbringen.

Die Rechnung sieht wie folgt aus:

10.000 Beköstigungstage x 5,17 EURO = 51.700 EURO variable Kosten
Erlöse 60.000 EURO – variable Kosten 51.700 EURO = 8.300 EURO

Die Einrichtung verursacht bisher Kosten in Höhe von 75.000 EURO. Dies ist ganz klar teurer. Wobei ich natürlich nicht informiert bin, wie die 75.000 EURO kalkuliert worden sind.

Herr Controlls: Ich sehe schon, Sie sind fit! Wunderbar, dann sind wir jetzt gerüstet für alle Fragen, die da auf uns zukommen wollen.

Einen schönen Abend! … und bis zum nächsten Gespräch.

5.4 Praxisnutzen

Welchen Praxisnutzen hat das Wissen um die in Kapitel 5 dargestellte Kostenträgerrechnung?

Praxisnutzen

Die Kostenträgerrechnung bildet die dritte Stufe der Kosten- und Leistungsrechnung.

Die Kostenarten- und -stellenrechnung sind für die Budgetierung und Steuerung von Kostenstellen oder Bereichen der Nonprofit-Organisation von zentraler Bedeutung. Die Kostenträgerrechnung beantwortet die Frage für welches Produkt die Kosten angefallen sind. Durch die Zuordnung der entsprechenden Leistungen also Pflegesätze, Investitionskostensätze, Regelentgelt etc. zu diesen Kosten kann die Aussage getroffen werden, ob das entsprechende Produkt bzw. der Kostenträger die Kosten, die es/er verursacht, deckt oder ob eine Finanzierungslücke zwischen Kosten und Leistungen besteht.

Planung, Steuerung …

Die Kostenträgerrechnung ist ein Instrument der Kosten- und Leistungsrechnung, welches den wichtigsten Informationsbeitrag für die Steuerung und Führung von Nonprofit-Organisationen liefert. Sie ermittelt den Erfolg des Kostenträgers und zwar sowohl stück- als auch zeitbezogen. Diese differenzierte Ermittlung erfordert vor allem in der Sozialbranche ausgeklügelte Kostenträgerrechnungssysteme. Jede Nonprofit-Organisation sollte die entsprechenden Instrumente der Kostenträgerrechnung anwenden.

Dokumentation der Prozesse und Instrumente

Die Qualifikation und das Know-how der Budgetverantwortlichen in Bezug auf die Kostenträgerrechnung sollte vorhanden sein, um sicherzustellen, dass ausreichend Leistungsentgelte zur Finanzierung der Kosten zur Verfügung stehen. In jeder Nonprofit-Organisation sollte die entsprechende Qualifikation vermittelt werden.

Qualifikation und Kommunikation

Literatur

Bachert, R. (2003): Betriebswirtschaftslehre, Lerneinheit 1-3 Betriebswirtschaftliche Steuerungsinstrumente, Kosten- und Leistungsrechnung, Das Verbundstudium an der Fachhochschule Münster Diplom Sozialwirt

Bachert, R. (Hrsg.) (2003): Controlling in der Altenpflege, Loseblattsammlung, WEKA MEDIA

Deitermann, M., Schmolke, S. (1995): Industriebuchführung mit Kosten- und Leistungsrechnung IKR, Einführung und Praxis, 20. Auflage, Darmstadt

Deitermann, M., Schmolke, S. (2002): Industrielles Rechnungswesen, IKR, Kaufmännisches Rechnungswesen, 30. Auflage, Winklers-Verlag, Darmstadt

Handelsgesetzbuch HGB, C.H. Beck, München

Musterkontenplan (2003): Musterkontenplan der Diakonie Württemberg. Diakonisches Werk Württemberg in Stuttgart.

Olfert, K. (2001): Kostenrechnung, Kompendium der praktischen Betriebswirtschaft, Friedrich Kiehl Verlag GmbH, Ludwigshafen (Rhein), 12. Auflage

Pracht, A. (2002): Betriebswirtschaftslehre für das Sozialwesen, Eine Einführung in betriebswirtschaftliches Denken im Sozial- und Gesundheitsbereich, Juventa Verlag

Remer, D. (1997): Einführen der Prozesskostenrechnung, Schäffer-Poeschel Verlag Stuttgart

Schneck, O. (1993): Lexikon der Betriebswirtschaft, Originalausgabe, Verlag C.H. Beck München

Schwegler, R. (1997): Kosten- und Leistungsrechnung. Arbeitshilfe für Sozialstationen. Diakonisches Werk Württemberg in Stuttgart.

Sießegger, T. (1997): Handbuch Betriebswirtschaft: wirtschaftliches Handeln in ambulanten Pflegediensten. Hannover: Vincentz

Wöhe, G. (2000): Einführung in die Allgemeine Betriebswirtschaftslehre, 20. Auflage, Verlag Vahlen München